D1721401

R. Schnell
9(83

Sozialisation und Kommunikation Band 3

Forschungsergebnisse des Sonderforschungsbereiches
„Sozialisations- und Kommunikationsforschung"
(SFB 22) der Universität Erlangen-Nürnberg

Sprecher: Dr. Uwe Schlottmann

in Verbindung mit:

Prof. Dr. J. Franke (Wirtschafts- und Sozialpsychologie)
Prof. Dr. W. Mangold (Soziologie)
Prof. Dr. U. Pagenstecher (Sozialökonomie und Wirtschaftsstatistik)
Prof. Dr. F. Ronneberger (Politik- und Kommunikationswissenschaft)
Prof. Dr. K. G. Specht (Soziologie)
Prof. Dr. W. Sünkel (Pädagogik)
Prof. Dr. W. Toman (Psychologie)
Prof. Dr. H. Werbik (Psychologie)
Prof. Dr. G. Wurzbacher (Soziologie und Sozialanthropologie)

Werner Langenheder

Theorie menschlicher Entscheidungshandlungen

 Ferdinand Enke Verlag Stuttgart 1975

Dr. Werner Langenheder

Gesellschaft für Mathematik und
Datenverarbeitung (GMD)
5205 St. Augustin, Schloß Birlinghoven

ISBN 3 432 02388 X

Alle Rechte, insbesondere das Recht der Vervielfältigung und Verbreitung sowie
der Übersetzung, vorbehalten. Kein Teil des Werkes darf in irgendeiner Form (durch
Photokopie, Mikrofilm oder ein anderes Verfahren) ohne schriftliche Genehmigung
des Verlages reproduziert oder unter Verwendung elektronischer Systeme verarbeitet,
vervielfältigt oder verbreitet werden.

© 1975 Ferdinand Enke Verlag, 7000 Stuttgart 1, Hasenbergsteige 3, POB 1304 —
Printed in Germany

Druck: Offsetdruckerei Karl Grammlich, Pliezhausen

Vorwort des Herausgebers

Der vorliegende Band enthält Ergebnisse eines Forschungsprojektes, das in den Jahren 1970 bis 1973 im Rahmen des Sonderforschungsbereiches 22 "Sozialisations- und Kommunikationsforschung" am Sozialwissenschaftlichen Forschungszentrum (SFZ) der Universität Erlangen/Nürnberg durchgeführt wurde.

Der Sonderforschungsbereich, thematisch-inhaltlich auf Forschungen aufbauend, die in den Jahren zuvor und bis heute an mit dem SFZ eng kooperierenden Instituten zweier Fakultäten der Universität Erlangen/Nürnberg erarbeitet wurden und werden, entstand 1970 auf Empfehlung des Wissenschaftsrates und mit Zustimmung der Universität Erlangen/Nürnberg durch eine Entscheidung der Deutschen Forschungsgemeinschaft, die zur Antragstellung aufforderte.

Der Sonderforschungsbereich legte daraufhin ein erstes Gesamtprojekt zum Thema "Entstehung und Veränderung von Einstellungen" vor, das in den letzten Jahren in Zusammenarbeit der Mitarbeiter des SFB mit Professoren und wissenschaftlichen Mitarbeitern der kooperierenden Institute bearbeitet wurde, wobei sowohl Formen der interdisziplinären Kooperation als auch der Koordination der Tätigkeit sehr selbständig arbeitender Wissenschaftler zu erproben waren. Ohne die damit verbundenen Probleme, verstärkt durch große Finanzierungsschwierigkeiten bei der DFG mit entsprechenden Folgeerscheinungen, als gelöst bezeichnen zu wollen oder zu können, ist es nun immerhin möglich, Arbeitsergebnisse vorzulegen, die ohne die finanziellen und strukturellen Bedingungen, die uns mit dem Sozialwissenschaftlichen Forschungszentrum und dem Sonderforschungsbereich gegeben sind, nicht erreibbar gewesen wären. Die Arbeiten spiegeln einiges wider von den Erfahrungen der Forschung in einem größeren und interdisziplinär zusammengesetzten Kreis. —

Das genannte Thema mit seinen vielen Aspekten wurde im Rahmen des SFB von verschiedenen Seiten her aufgegriffen, wobei in die Themenstellung und Bearbeitung einzelner Teilprojekte auch die Forschungserfahrung sowie der Einsatz von Mitgliedern der schon erwähnten kooperierenden Institute eingingen. Die Vielfalt der aufgegriffenen — sowohl methodologisch als auch inhaltlich orientierten — Themen der Teilprojekte kann am ehesten mit der nachfolgenden Aufzählung verdeutlicht werden:

1. Interdisziplinäre Analyse von Sozialisationsprozessen (INTAS)
2. Sozialisation durch Massenkommunikation
3. Berufliche Sozialisation von Kommunikatoren im Rahmen der Erklärung von Aussagenentstehung
4. Tageszeitungen als politisches Kommunikationsmittel in ihrer Auswirkung auf die Einstellung der Leser
5. Veränderung der Einstellungsstruktur in nicht-experimentell zusammengestellten Gruppen
6. Psychologische und soziologische Determinanten der familiären Sozialisation
7. Einstellungs- und verhaltensdeterminierende Wirkungen alternativer Familienformen
8. Untersuchungen zur individuellen Einstellungsstruktur. Empirische Abhängigkeiten zwischen den Funktionsmerkmalen Affekt, Kognition und Zentralität

9. Sozialisationspraktiken zur Veränderung der Wahrscheinlichkeit aggressiver Verhaltensweisen
10. Gesellschaftliches und politisches Bewußtsein von Arbeitern
11. Entwicklungsstörungen sozialen Verhaltens, ihre Abhängigkeit von Umweltmerkmalen, Erfahrungsdifferenzen und Einstellungen

Niemand wird auf diesem Hintergrund in Anspruch nehmen wollen, die selbstgewählte Thematik damit erschöpft zu haben. Man wird bestenfalls behaupten dürfen, bestimmte Teilaspekte etwas weiter geklärt zu haben. – Wer darüber hinaus Erfahrungen im Umgang mit den Kategorien der bisherigen deutschen und internationalen Sozialisationsforschung hat, der weiß, wie sehr sie trotz aller gegenläufiger Bemühungen geprägt sind von einem anpassungsmechanistischen Modell der weitgehend einseitigen Vermittlung und Übernahme sozialer Verhaltensstandards, eine Tendenz, die sich auch im Rahmen des Sonderforschungsbereiches nur partiell überwinden ließ. Auch wir stellten immer wieder fest, daß zwar im anfänglichen Plan der einzelnen Teilprojekte der Versuch einer Überwindung dieser Tendenz angelegt war, die Suggestivität der Kategorien, nicht zuletzt auch des Einstellungskonzeptes, jedoch bei der Durchführung des Forschungsprozesses und der Interpretation seiner Ergebnisse wieder durchschlug, übrigens nicht nur bei den Soziologen, sondern auch bei Psychologen und anderen. – Darüber hinaus muß aber festgehalten werden, daß auch im Zusammenhang einseitiger Beeinflussungsprozesse ein Defizit an empirischer Forschung und entsprechenden Meßinstrumenten bestand und besteht, zu dessen Behebung die genannten Projekte beigetragen haben.

Die in den letzten Jahren erfolgte Aufarbeitung der wichtigsten Literatur veranlaßte die Mitglieder des Sonderforschungsbereiches, nunmehr noch konzentrierter die Bearbeitung des angedeuteten Problems gemeinsam in Angriff zu nehmen und in den Mittelpunkt ihrer Arbeit zu stellen: die Möglichkeiten und Bedingungen, unter denen Individuen (oder Gruppen) in einem Sozialisationsprozeß ohne das Gefälle zwischen Sozialisator und Sozialisand die Fähigkeit erwerben, die Zahl der Verhaltensalternativen in bestimmten Handlungsfeldern aktiv zu erhöhen oder auch nur wahrzunehmen, ein Gesichtspunkt, der im Rahmen der Erklärung von sozialem Verhalten verstärkte Beachtung verdient. Nach langen – und bis heute nicht abgeschlossenen – Diskussionen, wurde entschieden, diesem sowohl methodologischen als auch praxisrelevanten Problem unter der Überschrift "Sozialisationsbedingungen autonomen Verhaltens" ein zweites Gesamtprojekt zu widmen. Dies als Ausblick auf die weitere Entwicklung der Arbeit des Sonderforschungsbereiches.

Die Mitglieder des SFB empfinden die Möglichkeit ihrer Arbeit als außerordentlich reizvoll. Allen, die sie ermöglichen, der Deutschen Forschungsgemeinschaft, ihren Gutachtern, der Universität Erlangen/Nürnberg, den Beteiligten sei hiermit gedankt.

Für den Herausgeber:
Uwe Schlottmann

Vorwort des Verfassers

Die vorliegende Arbeit entstand im Rahmen des Teilprojektes "Interdisziplinäre Analyse von Sozialisationsprozessen" (INTAS), das in den Jahren 1970 bis 1973 durchgeführt wurde. Ziel des Projektes war es, anhand der Literatur theoretische Beiträge aus verschiedenen Disziplinen zur Sozialisationsforschung zu liefern. Die Ergebnisse dieser Arbeit erscheinen nunmehr in dichter Folge in der SFZ-Reihe "Sozialisation und Kommunikation":

K.-J. Ehrhardt: Neurophysiologie "motivierten" Verhaltens
H.-P. Frey: Theorie der Sozialisation
W. Langenheder: Theorie menschlichen Entscheidungshandelns

sowie ein von den Genannten und *U. Schlottmann* und *H.-J. Seel* verfaßter Sammelband zu Problemen einer interdisziplinären Sozialisationstheorie (in Vorbereitung).

Die Stellung dieser Arbeit im Gesamtzusammenhang der Thematik des Sonderforschungsbereiches 22 "Sozialisation und Kommunikation" läßt sich etwa folgendermaßen kurz skizzieren:
Im Mittelpunkt aller Sozialisationstheorien und aller Sozialisationsforschung steht "letztlich" die Frage nach den Sozialisationstechniken, die dazu führen (oder vorsichtiger ausgedrückt), die dazu beitragen, daß die einzelnen Mitglieder eines sozialen Systems bestimmte sozial erwünschte Verhaltensweisen ausführen. Die Beantwortung dieser Frage aber setzt die Beantwortung der Frage nach den Determinanten von sozial erwünschten bzw. sozial unerwünschten, d. h. sozial relevanten Verhaltensweisen voraus, und dies wiederum setzt die Beantwortung der Frage nach den Determinanten menschlichen Verhaltens allgemein voraus. Da jedoch zur Zeit einerseits eine solche allgemeine Theorie menschlichen Verhaltens nicht existiert, und auch in absehbarer Zukunft die Entwicklung einer solchen Theorie, die durch entsprechend empirische Befunde einigermaßen fundiert ist, kaum zu erwarten ist, aber andererseits für eine recht bedeutende und umfangreiche Teilklasse menschlicher Verhaltensweisen, den Entscheidungshandlungen, recht brauchbare und empirisch mehr oder weniger gut getestete theoretische Ansätze vorliegen, erschien es uns am zweckmäßigsten, statt von einer allgemeinen Theorie menschlichen Verhaltens, zunächst von einer Theorie menschlicher Entscheidungshandlung auszugehen.

Viele Personen hatten direkt oder indirekt Anteil an der Erstellung dieser Arbeit, so daß es schwierig ist, jedem einzelnen zu danken.
Mein besonderer Dank gilt dem Sozialwissenschaftlichen Forschungszentrum, insbesondere Herrn Prof. *Specht,* ohne deren Unterstützung diese Arbeit nicht hätte entstehen können, und meinen Kollegen vom INTAS-Projekt *Klaus Jürgen Ehrhardt, Hans-Peter Frey, Salomon Klaczko-Ryndziun, Uwe Schlottmann* und *Hans-Jürgen Seel* für zahlreiche Diskussionsbeiträge und Anregungen.

W. Langenheder

Inhalt

0.   Einleitung

0.1   Ziel und Aufbau der Arbeit

In der vorliegenden Arbeit wird versucht, einen allgemeinen begrifflichen und theoretischen Bezugsrahmen für die Erklärung menschlichen (Entscheidungs-) Verhaltens zu entwickeln.

Dieser theoretische Bezugsrahmen erhebt weder den Anspruch, wesentlich Neues zu bringen noch besonders originell zu sein, sondern er stellt nur den Versuch dar, die in verschiedenen vorhandenen theoretischen Ansätzen zur Erklärung menschlichen (Entscheidungs-) Verhaltens enthaltenen Hypothesen und Erkenntnisse, die sich in empirischen Überprüfungen bewährt haben, zu einem einheitlichen Konzept zu integrieren.

Im Kapitel 1 wird zunächst ein Überblick über allgemeine theoretische Ansätze zur Erklärung menschlichen (Entscheidungs-) Verhaltens in den verschiedenen sozialwissenschaftlichen Disziplinen und einigen ihrer Nachbardisziplinen gegeben, und Kapitel 2 enthält den Versuch, die in den verschiedenen allgemeinen theoretischen Ansätzen enthaltenen und (unter verschiedenen Namen) häufig wiederkehrenden Grundgedanken zu einem in sich möglichst geschlossenen theoretischen Gesamtkonzept zusammenzufassen.

Bevor wir jedoch beginnen, uns mit der Literatur über Entscheidungsverhalten zu beschäftigen und einen allgemeinen entscheidungstheoretischen Ansatz darzustellen, scheinen uns einige kurze Vorbemerkungen über die Funktion und die Bedeutung allgemeiner theoretischer Ansätze in den Sozialwissenschaften erforderlich[1].

0.2   Funktion und Bedeutung allgemeiner theoretischer Ansätze in den Sozialwissenschaften

Es gibt bereits eine beträchtliche Zahl von allgemeinen theoretischen Ansätzen und Versuchen, umfassende Begriffssysteme und Globaltheorien zur Erklärung individuellen oder sozialen Verhaltens zu entwickeln. Da aber die meisten dieser Versuche völlig gescheitert sind und andere nur in der Lage waren, einen sehr kleinen Bereich empirischer Befunde zu erklären, halten viele Soziologen heute nichts mehr von solchen allgemeinen oder Globaltheorien. Sie scheinen aus dem Versagen solcher Versuche in der Vergangenheit zu schließen, daß allgemeine Theorien in den Sozialwissenschaften von geringem Wert sind oder daß solche Versuche zumindest verfrüht sind, da noch nicht genügend empirisches Material vorliegt. Aus diesem Grunde empfehlen viele Wissenschaftler – so z.B. *Robert K. Merton* (1967, S. 9-10) – man möge sich zunächst auf einen eng begrenzten Datenbereich beschränken und diesen Datenbereich intensiv erforschen. Die genaue Kenntnis vieler solcher begrenzter Datenbereiche würde dann später die Entwicklung einer allgemeinen Theorie ermöglichen.

Diese Argumentation hat jedoch zwei erhebliche Mängel:

(1) Aus der Tatsache, daß Versuche in der Vergangenheit, allgemeine theoretische Ansätze in der Soziologie zu entwickeln, gescheitert sind, kann nicht geschlossen werden, daß solche Versuche überhaupt zur Zeit wertlos sind. Der Grund, daß solche Versuche in der Vergangenheit gescheitert sind, könnte nämlich vor allem darin liegen, daß in diesen Theorien entweder versucht wurde, alle empirischen Phänomene mit einem einzigen Prinzip bzw. einem einzigen Faktor zu erklären, oder aber Theoriebildung mit der Konstruktion umfangreicher und komplizierter Begriffsgebäude verwechselt wurde. Der Hauptgrund für das Scheitern aller bisherigen Versuche zur Entwicklung allgemeiner theoretischer Ansätze in den Sozialwissenschaften dürfte jedoch darin liegen, daß in allen diesen Versuchen der Bezug zur empirischen Wirklichkeit unzulänglich ist, und daß keine oder nur sehr geringe Anstrengungen gemacht wurden, angemessene Meßtechniken zur empirischen Erfassung der theoretischen Konzepte zu entwickeln, und daß daher die notwendige ständige Wechselbeziehung und gegenseitige Befruchtung von Theorie und Empirie, von empirischen Befunden und theoretischen Entwicklungen nicht vorhanden war.

(2) Die Beschränkung auf die Untersuchung kleiner Datenbereiche impliziert den gleichen Fehler in umgekehrter Richtung, der den Globaltheoretikern mit Recht vorzuwerfen ist: die mangelnde Wechselbeziehung und gegenseitige Befruchtung von empirischer Forschung und Theoriebildung dadurch, daß diese Wechselbeziehung immer nur auf kleine Datenbereiche und entsprechend kleine Theoriestücke beschränkt ist und die gegenseitige Interdependenz und Relevanz dieser Teilbereiche füreinander völlig unberücksichtigt bleibt.

Um diesen Fehler der mangelhaften Wechselbeziehungen zwischen Theorie und Empirie zu vermeiden, soll im folgenden der Versuch unternommen werden, einen allgemeinen begrifflichen und theoretischen Bezugsrahmen für die Erklärung menschlichen Entscheidungsverhaltens zu entwickeln, der auf der einen Seite präzise genug ist, um empirisch getestet werden zu können, auf der anderen Seite aber auch genügend Flexibilität enthält, um aufgrund künftiger empirischer Untersuchungsergebnisse verändert und verbessert werden zu können. Es soll sich also zunächst mehr um ein allgemeines Orientierungsschema[2] als um eine voll entwickelte Theorie handeln, und das Hauptziel dieses theoretischen Bezugsrahmens soll es sein, Ausgangspunkt fruchtbarer Frage- und Problemstellungen zu sein und künftige gezielte empirische Forschungen anzuregen, nicht aber detaillierte Antworten zu geben.

1. Überblick über allgemeine theoretische Ansätze zur Erklärung von Entscheidungsverhalten

Obwohl die Zahl der Wissenschaftler, die sich mit dem Problem der Erklärung menschlichen (Entscheidungs-) Verhaltens beschäftigen, sehr groß ist und die von verschiedenen Wissenschaftlern entwickelten theoretischen Ansätze zum Teil beträchtliche Unterschiede aufweisen, kann man doch die einzelnen Ansätze im wesentlichen in drei Hauptrichtungen zusammenfassen, die sich mehr oder weniger unabhängig voneinander und parallel zueinander entwickelt haben. Diese drei Hauptrichtungen, die wir im folgenden kurz darstellen wollen, sind:

(1) die entscheidungs- und spieltheoretischen Ansätze, die in enger Beziehung zur Ökonomie und zur angewandten Mathematik stehen und insgesamt ein verhältnismäßig einheitliches und geschlossenes System darstellen,

(2) die motivations- und lernpsychologischen Ansätze, die in enger Beziehung zur Individualpsychologie stehen und wesentlich größere Unterschiede aufweisen als die entscheidungs- und spieltheoretischen Ansätze, und

(3) die sozialpsychologisch-soziologischen Ansätze, die zum Teil auf den motivations- und lerntheoretischen Ansätzen aufbauen, darüber hinaus aber versuchen, vor allem das menschliche (Entscheidungs-) Verhalten in sozialen Situationen (Interaktionen mit anderen Individuen) zu erklären.

1.1 Entscheidungs- und spieltheoretische Ansätze

Die ersten entscheidungs- oder spieltheoretischen Ansätze wurden bereits im 18. Jahrhundert von einigen Ökonomen und Mathematikern, wie *Jeremy Bentham* und *Daniel Bernoulli,* entwickelt. Der entscheidende Anstoß für eine Fülle von Arbeiten auf diesem Gebiet erfolgte jedoch erst in neuerer Zeit durch *John von Neumann* und *Oskar Morgenstern* (1944).

Obwohl die Entscheidungs- und Spieltheorie seit ihren ersten Anfängen im 17. und 18. Jahrhundert starke Veränderungen erfahren hat, sind doch die Problemstellung und die zentralen Variablen im wesentlichen bis auf den heutigen Tag gleich geblieben.

Das Grundproblem, von dem im wesentlichen alle entscheidungs- und spieltheoretischen Ansätze ausgehen, lautet etwa folgendermaßen: Gegeben ist eine Situation, in der ein Individuum zwischen zwei (oder mehreren) alternativen Möglichkeiten zu wählen hat. Diese Alternativen sind in der Regel (aber nicht notwendigerweise) unterschiedliche Varianten eines bestimmten Glücksspieles[3]. Für jede dieser zur Auswahl stehenden Varianten eines Glücksspiels besteht eine bestimmte "Auszahlungsmatrix". Die Auszahlungsmatrix gibt für jeden möglichen Zustand, der nach der Durchführung des Spieles eintreten kann (z.B. alle möglichen Zahlenkombinationen bei einem Würfelspiel) an, wieviel das Individuum gewinnt oder verliert[4]. Ein einfaches Beispiel einer solchen Auszahlungsmatrix ist in Figur 1 dargestellt.

Alter- native ＼ Zustand	1 (= Wappen)	2 (= Zahl)
spielen	x −a	−a
nicht-spielen	0	0

Figur 1   Auszahlungsmatrix für ein einfaches Spiel (Wurf einer Münze)

Die Alternativen, zwischen denen das Individuum wählen kann, sind in diesem Bei-spiel "spielen" und "nicht-spielen". Die möglichen Zustände, die nach Durchfüh-rung des Spieles eintreten können, sind "Wappen" und "Zahl". Die Auszahlungs-matrix besagt: Das Individuum zahlt, wenn es spielen will, einen Einsatz a. Es ge-winnt die Menge x, wenn der Zustand 1 eintritt (die Münze zeigt "Wappen"), und es gewinnt nichts, wenn der Zustand 2 eintritt (die Münze zeigt "Zahl").

Das Problem lautet nun: Für welche der zur Verfügung stehenden Alternativen (einschließlich nicht-spielen) wird (bzw. sollte) sich das Individuum entscheiden.

Die zentralen Variablen, die bereits in den ersten spieltheoretischen Arbeiten entwickelt wurden und in allen späteren entscheidungs- und spieltheoretischen An-sätzen eine entscheidende Rolle spielen, sind: "Wahrscheinlichkeit" (probability) und "Nutzen" (utility). Der Unterschied zwischen den "klassischen" und den heu-tigen entscheidungs- und spieltheoretischen Ansätzen besteht im wesentlichen darin, daß (1) objektive Wahrscheinlichkeiten und Nutzen durch subjektive Wahrschein-lichkeiten und subjektive Nutzenvorstellungen ersetzt wurden, daß (2) bei der Ana-lyse der Nutzenvorstellungen außer Geld und sonstigen ökonomischen oder materiel-len Gütern mehr und mehr andere, nicht-materielle Güter berücksichtigt wurden, daß (3) zu den "präskriptiven" Entscheidungsmodellen (die ausgehen von der Fragestel-lung: wie sollte ein Individuum sich entscheiden, um ein maximales, optimales bzw. zufriedenstellendes Ergebnis zu erreichen) in zunehmendem Maße "deskriptive" Ent-scheidungsmodelle entwickelt wurden (die ausgehen von der Fragestellung: wie ent-scheiden sich Individuen tatsächlich in bestimmten Situationen), daß (4) die postu-lierten Beziehungen zwischen den einzelnen Variablen, das heißt, zwischen der Ent-scheidungshandlung einerseits und den diese Entscheidungshandlung determinieren-den Variablen andererseits, verfeinert und mathematisch fundiert wurden, daß (5) in zunehmendem Maße der Prozeß der Informationsverarbeitung durch das Indi-viduum, das heißt, der Prozeß der Wahrnehmung einer bestimmten Entscheidungs-situation und die Verarbeitung der einzelnen Wahrnehmungselemente zu einer be-stimmten Handlungsabsicht, berücksichtigt wurde, und daß (6) erhebliche und zum Teil auch recht erfolgreiche Anstrengungen zur Verbesserung der Meßinstrumente zur Messung der einzelnen Variablen unternommen wurden.

Auf den nächsten Seiten wollen wir nun versuchen, durch eine kurze Beschrei-bung dieser Entwicklungslinien die für unser Problem relevanten Aspekte des gegen-wärtigen Standes der Forschung auf diesem Gebiet kurz und übersichtsmäßig dar-zustellen.

1.1.1 *Subjektivierung der entscheidungs- und spieltheoretischen Ansätze*

Die ersten spieltheoretischen Ansätze, nach denen das Individuum diejenige Alternative wählen wird (bzw. soll), die den höchsten erwarteten Wert aufweist[5], und die bisher gewöhnlich als Werttheorien bezeichnet werden, gerieten sehr bald in erhebliche Schwierigkeiten, weil sie z.B. Phänomene wie den Kauf von Versicherungsleistungen nicht erklären konnten (der erwartete Wert einer Versicherung ist negativ und geringer als der erwartete Wert bei Nicht-Abschluß einer Versicherung − sonst könnten Versicherungen gar nicht existieren −). Um diesen Mangel zu beheben, führte bereits *Bernoulli* das Prinzip des "erwarteten Nutzens" (expected utility) ein und ersetzte damit die objektive Werteskala durch eine subjektive Nutzenskala.

Nach der von *Bernoulli* entwickelten *Nutzentheorie* wird (bzw. soll) das Individuum diejenige Alternative wählen, die den höchsten erwarteten Nutzen aufweist. Der erwartete Nutzen (EU) einer Alternative ergibt sich entsprechend aus der Formel: $EU = \sum_{i=1}^{n} p_i * u_i$, wobei u_i der von dem Individuum (subjektiv) empfundene Nutzen der Auszahlung ist, die erfolgt, wenn Zustand i eintritt.

Da unterschiedliche Individuen unterschiedliche Nutzenvorstellungen mit den gleichen objektiven Werten (Geldmengen) verbinden können und auch tun und da für ein bestimmtes Individuum die Nutzenmenge nicht linear mit der erwarteten Geldmenge variiert, sondern verschiedene andere Formen des Zusammenhanges zwischen "objektiver" Geldmenge und "subjektiven" Nutzenvorstellungen denkbar sind[6], ist es möglich, mit Hilfe der Nutzentheorie eine große Zahl von Phänomenen in den Griff zu bekommen, die mit Hilfe der Werttheorie nicht lösbar waren.

Wie leicht erkennbar ist, ist die Werttheorie ein Grenzfall der Nutzentheorie, und zwar unter den Annahmen, daß (1) alle Individuen gleiche Nutzenfunktionen haben, und daß (2) der Nutzen eine lineare Funktion des objektiven Wertes ist.

Aufgrund einer Reihe von Inkonsistenzen, die immer wieder im Verhalten von Individuen, die zwischen unterschiedlichen Alternativen zu wählen hatten, auftraten und die mit der Nutzentheorie nicht erklärt werden konnten, entwickelte *Leonard J. Savage* (1955) eine *subjektive Nutzenerwartungstheorie,* das sogenannte SEU-Modell (von: "subjectively expected utility"). Der entscheidende Unterschied zwischen dem SEU-Modell von *Savage* zu den übrigen (früheren) Nutzentheorien liegt darin, daß die objektive Ereigniswahrscheinlichkeit ersetzt wird durch die subjektiv wahrgenommene Wahrscheinlichkeit.

Das heißt, in der gleichen Weise, wie sich die Nutzentheorie von der Werttheorie dadurch unterscheidet, daß in der Nutzentheorie die Annahmen
(1) alle Individuen haben die gleichen Nutzenfunktionen und
(2) der Nutzen ist eine lineare Funktion des Wertes,
fallengelassen werden und damit die Nutzenfunktionen der Individuen nicht mehr als a priori gegeben angesehen werden, sondern jeweils zu messen sind, so unterscheidet sich die subjektive Nutzenerwartungstheorie von *Savage* von den (früheren) Nutzentheorien dadurch, daß in der subjektiven Nutzenerwartungstheorie die Annahmen
(1) alle Individuen haben die gleichen subjektiven Wahrscheinlichkeiten und
(2) die subjektive Wahrscheinlichkeit ist eine lineare Funktion der objektiven Wahrscheinlichkeit (bzw. gleich der objektiven Wahrscheinlichkeit)

fallengelassen werden und damit die subjektiven Wahrscheinlichkeiten nicht mehr als a priori gegeben angesehen werden, sondern jeweils zu messen sind. Ebenso wie die Werttheorie ein Grenzfall der Nutzentheorie ist, ist demnach die Nutzentheorie ein Grenzfall der subjektiven Nutzenerwartungstheorie.

Auch das SEU-Modell läßt noch eine Reihe von Problemen ungelöst. Es ist sogar recht schwierig, die Leistungsfähigkeit dieses Modells abzuschätzen, da eines der größten Probleme im Zusammenhang mit diesem Modell die unabhängige Messung von subjektiven Wahrscheinlichkeiten und Nutzenvorstellungen ist. Eine solche unabhängige Messung dieser beiden Variablen aber ist eine wesentliche Voraussetzung für die Beurteilung des Modelles.

1.1.2 Berücksichtigung nicht-monetärer und nicht-ökonomischer Güter bei der Analyse der Nutzenvorstellungen

Bei den ersten Untersuchungen in der Geschichte der Entscheidungstheorie ging es fast ausschließlich um Geld bzw. um Glücksspiele, bei denen Geld gewonnen oder verloren werden konnte. Da es jedoch außer Geld noch viele andere Güter gibt, die für viele Personen einen positiven Nutzen enthalten, ging man bald dazu über, in den entscheidungstheoretischen Experimenten auch nicht-monetäre ökonomische Güter und vor allem in jüngster Zeit auch nicht-ökonomische Güter bei der Ermittlung der individuellen Nutzenfunktionen zu berücksichtigen, wie z.B. das Ausmaß an Langeweile bzw. Abwechslung, die Stärke der Erfolgs- bzw. Mißerfolgserlebnisse, der Grad der Verletzung von Gerechtigkeitsnormen gegenüber den Mitspielern und dergleichen. Wie einige neuere Arbeiten von *Sidney Siegel* und anderen (1964) und von *Lynne Ofshe* und *Richard Ofshe* (1970) zeigen, wird die Genauigkeit der Voraussage empirischer Ergebnisse vor allem dann erheblich gesteigert, wenn man nicht nur einen, sondern zwei verschiedene Nutzen gleichzeitig berücksichtigt. *Siegel* und andere untersuchten den "Geldnutzen" (Nutzenerwartung für die erwartete finanzielle Belohnung im Falle einer "richtigen" Entscheidung) und den "Nutzen für Abwechselung" (immer das gleiche wählen ist auf die Dauer langweilig). *Ofshe* und *Ofshe* untersuchten ebenfalls den "Geldnutzen" und (da es sich um Experimente mit "Koalitionsspielen" handelte) statt des "Nutzens für Abwechselung" den "Nutzen für gerechtes Verhalten gegenüber den Partnern" (equity).

Es liegt die Vermutung auf der Hand, daß die Verbesserung der Voraussagekraft weiter erhöht werden könnte, wenn man einen dritten, vierten oder noch mehrere andere Nutzenarten berücksichtigen würde. Dadurch würde jedoch der mathematische Aufwand, der für die Ableitung des entsprechenden Modelles erforderlich wäre, erheblich steigen. Das dürfte auch der Hauptgrund sein, warum in den Arbeiten von *Siegel* und anderen und von *Ofshe* und *Ofshe* nur zwei Nutzenarten berücksichtigt wurden.

1.1.3 Betonung deskriptiver neben präskriptiven Zielsetzungen und die Wechselwirkung zwischen deskriptiven und präskriptiven Modellen

Den ersten entscheidungstheoretischen Untersuchungen lagen ausschließlich präskriptive (= normative) Fragestellungen zugrunde. Sie dienten der Entwicklung von

Modellen optimalen Entscheidungsverhaltens. Auch in der neueren Literatur spielen präskriptive Fragestellungen eine bedeutende Rolle (insbesondere in wirtschaftswissenschaftlich orientierten Arbeiten). Daneben ist jedoch gerade in jüngster Zeit ein starkes Interesse an deskriptiven Fragestellungen erkennbar, das heißt, man befaßt sich nicht nur mit Modellen optimalen Entscheidungsverhaltens, sondern man versucht auch Modelle zur Erklärung des tatsächlichen Entscheidungsverhaltens von Individuen zu entwickeln. Dieses hat seinen Grund nicht nur darin, daß das Interesse daran, tatsächliches menschliches Entscheidungsverhalten besser erklären oder voraussagen zu können, möglicherweise zugenommen hat, sondern ist wohl vor allem die Folge der Erkenntnis, daß eine enge Wechselbeziehung zwischen deskriptiven und präskriptiven entscheidungstheoretischen Ansätzen besteht. So ist es z.B. sehr schwierig, für die Entwicklung von präskriptiven Theorien genügend präzise zu definieren, was optimal ist, denn das setzt voraus, daß die Wünsche und Ziele der Individuen bekannt sind. Dies aber ist eine Frage, die nur deskriptiv beantwortet werden kann. Auf der anderen Seite gibt es eine Vielzahl von Situationen (insbesondere im Bereich wirtschaftlichen Verhaltens), in denen die Individuen sich intensiv bemühen, eine optimale Entscheidung zu treffen und im Falle einer "Fehlentscheidung" auch eine entsprechende Korrektur vornehmen werden. Jede adäquate deskriptive Theorie muß daher eine normative Komponente enthalten, die den Wunsch der Individuen, das Bestmögliche zu tun, zum Ausdruck bringt.

Darüber hinaus ist selbst das schönste Modell, mit dessen Hilfe für jede Situation eine optimale Entscheidung theoretisch ermittelt werden kann, von sehr geringem Nutzen, wenn entweder die Voraussetzungen, die das Modell enthält (wie z.B. umfangreiche und zuverlässige Informationen), nicht erfüllt sind, oder wenn die durchzuführenden Berechnungen so aufwendig und kompliziert sind, daß entweder das Individuum mit seiner Entscheidung nicht so lange warten kann oder die Kosten für die Ermittlung einer optimalen Entscheidung um vieles Höher sind als der gegebenenfalls durch eine optimale Entscheidung erzielbare Vorteil.

Die Erkenntnis, daß bei der Entwicklung von präskriptiven Entscheidungsmodellen sowohl die jeweiligen Wünsche und Ziele der Individuen als auch die den Individuen tatsächlich zur Verfügung stehenden Informationen, als auch die begrenzten menschlichen Fähigkeiten, komplizierte Gedankengänge schnell und fehlerlos durchzuführen, berücksichtigt werden müssen, hat oft zu einer so starken Annäherung von präskriptiven und deskriptiven Entscheidungsmodellen geführt, daß man manchmal nicht mehr an dem Entscheidungsmodell selbst, sondern nur noch an der vom Verfasser genannten Zielsetzung erkennen kann, ob es sich um einen deskriptiven oder einen präskriptiven Ansatz handelt.

Die Berücksichtigung der Wünsche und Ziele der Individuen in Verbindung mit der Tatsache, daß das Individuum in den seltensten Fällen, wenn überhaupt, vollkommene und absolut zuverlässige Informationen besitzt, führte zu der Entwicklung verschiedener Entscheidungsprinzipien, wie das "minimax-Prinzip" (wähle die Alternative, für die der niedrigste Wert am höchsten ist = maximale Sicherheit), das "maximax-Prinzip" (wähle die Alternative, die von allen Alternativen den höchsten Wert enthält = maximale Gewinnchance, unter Umständen verbunden mit hohem Risiko) sowie eine Reihe von Prinzipien, die diese beiden Kriterien miteinander kombinieren.

Die begrenzte Fähigkeit des Menschen, komplizierte Gedankengänge schnell und präzise durchzuführen, wird in einem von *Herbert A. Simon* (1955) entwickelten Modell berücksichtigt, in dem die Forderung nach optimaler Entscheidung ersetzt wird durch die Forderung nach einer zufriedenstellenden Entscheidung (satisfying principle). Nach *Simon* sollen (und werden) Individuen die ihnen zur Verfügung stehenden Alternativen in bezug auf die relevanten Merkmale nach einem bestimmten, von ihnen gewählten Standard einstufen in "zufriedenstellende" und "nicht-zufriedenstellende" Alternativen und sich für die erste Alternative, die als zufriedenstellend beurteilt wird, entscheiden. Was dabei als zufriedenstellend angesehen wird, kann und wird sich im Laufe der Zeit und durch Erfahrung ständig ändern.

1.1.4 *Entwicklung axiomatischer Systeme und stochastischer Entscheidungsmodelle*

Eine entscheidende Verbesserung und vor allem Präzisierung aller bis dahin vorliegenden entscheidungstheoretischen Ansätze erfolgte durch *John von Neumann* und *Oskar Morgenstern* (1944), die durch eine axiomatische Fundierung des Prinzips der Nutzenerwartung den Grundstein zur Entwicklung der modernen Entscheidungstheorien legten. Ebenfalls von grundlegender Bedeutung für die Entwicklung der modernen Entscheidungstheorien ist *Lewis L. Thurstone* (1927), der mit seinem "law of comparative judgement" den Grundstein für die Entwicklung stochastischer Entscheidungsmodelle legte, die in der modernen entscheidungstheoretischen Literatur eine führende Rolle spielen.

Ausgangspunkt der stochastischen Entscheidungsmodelle ist die immer wiederkehrende Erfahrung, daß die gleichen Individuen, die zwischen genau den gleichen Alternativen unter augenscheinlich völlig gleichen Bedingungen zu wählen haben, unterschiedliche Entscheidungen treffen. Die Tatsache, daß das Bestehen dieser Inkonsistenzen eines der grundlegenden Charakteristika menschlichen Entscheidungsverhaltens zu sein scheint, gibt Anlaß zu der Hypothese, daß die beobachteten Inkonsistenzen das Ergebnis eines mit dem Entscheidungsverhalten verbundenen Zufallsmechanismus sind.

Man kann im wesentlichen zwei Arten von stochastischen Entscheidungsmodellen unterscheiden:

(1) die sogenannten Modelle konstanter Nutzenerwartungen (constant utility), die annehmen, daß die Inkonsistenzen eine Folge unkontrollierter, augenblicklicher Schwankungen wie z.B. der Aufmerksamkeit sind und

(2) die sogenannten Modelle stochastischer Nutzenerwartungen (random utility), nach denen die Inkonsistenzen eine Folge inhärenter Zufallsprozesse sind.

In beiden Fällen wird das deterministische Entscheidungsmodell durch ein stochastisches Entscheidungsmodell ersetzt. Der Unterschied zwischen diesen beiden Modellen liegt in der Lokalisierung des Zufallsprozesses. Beim Modell der konstanten Nutzenerwartungen hat jede Alternative einen konstanten oder feststehenden Nutzen und die Wahrscheinlichkeit der Bevorzugung der einen Alternative über die andere ist eine Funktion der Differenz der Nutzen dieser beiden Alternativen, das heißt, der Zufallsmechanismus besteht aus vielen kleinen augenblicklichen und unkontrollierten (= zufälligen) Schwankungen bei der Wahrnehmung der einzelnen Alternative und bei der Umsetzung wahrgenommener Unterschiede in entsprechende Handlungsausführungen. Mit anderen Worten: Die Inkonsistenzen sind die Folge von (Zufalls-) Fehlern. Nach dem Modell der stochastischen Nutzenerwartungen dagegen wählt das Individuum stets die Alternative, die den höchsten Nutzen hat, aber die Höhe der Nutzen ist nicht konstant sondern unterliegt zufälligen Schwankungen, das heißt, der Zufallsmechanismus ist hier nicht wie bei dem konstanten Nutzenmodell eine Art Zufallsfehler der Wahrnehmung und Informationsverarbeitung sondern bezieht sich auf die Entstehung und Veränderung der Nutzenvorstellungen selbst.

Das wohl am besten ausgearbeitete stochastische Entscheidungsmodell nach der Art der konstanten Nutzenerwartungen wurde entwickelt von *R. Duncan Luce* und ist dargestellt in *R. Duncan Luce* (1959 und 1962) und in *R. Duncan Luce* und *Patrick Suppes* (1965), stochastische Entscheidungsmodelle nach der Art der stochastischen Nutzenerwartungen wurden unter anderem entwickelt von *Gordon M. Becker* und anderen (1963) und von *Clyde H. Coombs* (1964, insbesondere Kap. 5 und Kap. 9, S. 106-118).

1.1.5 *Berücksichtigung des Prozesses der Informationsverarbeitung bei der Erklärung individuellen Entscheidungsverhaltens*

Die Berücksichtigung des Prozesses der Informationsverarbeitung bei der Erklärung individuellen Entscheidungsverhaltens erfolgt in nennenswertem Ausmaß erst seit einigen Jahren und stellt in gewisser Weise sowohl eine Differenzierung bisheriger Ansätze als auch eine Erweiterung der Fragestellung dar. Diese Differenzierung und Erweiterung besteht im wesentlichen darin, daß sowohl der Prozeß der Wahrnehmung der dem Individuum zur Verfügung stehenden Alternativen bzw. die Diskriminierung zwischen den einzelnen Alternativen, als auch die Umsetzung der wahrgenommenen Unterschiede zwischen den einzelnen Alternativen in die konkrete Entscheidungshandlung nicht mehr als eine "black box" behandelt wird, sondern mit in die wissenschaftliche Analyse des Entscheidungsverhaltens einbezogen, ja teilweise sogar in den Mittelpunkt dieser Analyse gestellt wird.

Die Untersuchung des Prozesses der Wahrnehmung von Alternativen bzw. von Unterschieden zwischen Alternativen erfolgt dabei vor allem unter der Überschrift "signal detection" bzw. "signal detection theory". Zu diesem Thema sind in jüngster Zeit eine ganze Reihe von Arbeiten erschienen, auf die hier jedoch nicht weiter eingegangen werden kann. Sehr gute und frühe Einführungen und Literaturübersichten zu diesem Thema finden sich bei *John A. Swets* (1961) und bei *R. Duncan Luce* (1963), eine gute Zusammenstellung wichtiger Aufsätze auf diesem Gebiet enthält *John A. Swets* (1964), und eine neuere lehrbuchartige Darstellung dieses Problembereiches liefern *David M. Green* und *John A. Swets* (1966).

Die bisherigen Untersuchungen über den Prozeß der Informationsverarbeitung selbst beziehen sich häufig auf eng umgrenzte Teilbereiche dieses Problemes. So z.B. auf die Entwicklung von Nutzenvorstellungen im Falle von multidimensionalen Alternativen, das heißt, auf die Entwicklung von Nutzenvorstellungen in Entscheidungssituationen, in denen sich die Alternativen, zwischen denen das Individuum zu wählen hat, in bezug auf mehrere mit positiven oder negativen Nutzenvorstellungen verbundene Merkmale unterscheiden. Hierzu sind vor allem zu nennen die Arbeiten von *Ernest W. Adams* und *Robert Fagott* (1959), von *Roger N. Shepard* (1964) und von *Amos Tversky* (1967a und 1967b). Die Grundannahme, von der alle diese Arbeiten ausgehen, lautet, daß der Nutzen einer multidimensionalen Alternative, das heißt also, einer Alternative, die aus mehreren Merkmalskomponenten besteht, sich aus der Addition der Nutzen der einzelnen Komponenten ergibt. Diese einfachste aller Annahmen hat sich in den bisherigen Untersuchungen recht gut bewährt. In den meisten Fällen waren nur minimale Modifikationen erforderlich, um brauchbare Voraussagen bzw. Erklärungen der gefundenen Daten zu erreichen. Da bislang jedoch auf diesem Gebiet nicht mehr als ein erster Anfang gemacht wurde und vor allem Alternativen zu den additiven Modellen nicht vorliegen, läßt sich zu diesem Problem noch nicht allzuviel sagen.

Einen Spezialfall der Entwicklung von Nutzenvorstellungen bei multidimensionalen Alternativen stellt das Problem der Verarbeitung verschiedener verbaler Stimuli zu einem Gesamturteil dar. Dieses Problem wurde in allerjüngster Zeit von *Harry E. Gollop* (1968) und von *David R. Heise* (1969) in Angriff genommen.

Eine weitere Gruppe von Arbeiten, die in diesem Zusammenhang zu nennen ist, befaßt sich mit der Frage der Revision von Urteilen (insbesondere der Revision subjektiver Wahrscheinlichkeiten) aufgrund von neuen Informationen. Hingewiesen sei dabei vor allem auf die Untersuchungen von *Lawrence D. Phillips* und *Ward Edwards* (1966), von *Cameron R. Peterson* und *Lee R. Beach* (1967) und von *Ward Edwards* und anderen (1968).

Alle bisher besprochenen Modelle gehen explizit oder implizit von der Annahme aus, daß die beiden zur Erklärung des individuellen Entscheidungsverhaltens verwandten Variablen "subjektive Nutzenvorstellungen" und "subjektive Wahrscheinlichkeiten" voneinander unabhängig sind. Daß diese Annahme jedoch nicht zutrifft, wurde bereits von *Kurt Lewin* und anderen (1944) nachgewiesen. Der in dieser Arbeit entwickelte Gedanke des Anspruchsniveaus und die Abhängigkeit des Anspruchsniveaus von der Erfolgswahrscheinlichkeit wurde später vor allem von *John W. Atkinson* (1957, 1958 und 1964) wieder aufgegriffen und in ein entscheidungstheoretisches Modell eingebaut, in dem die Interdependenz zwischen subjektiven Nutzenvorstellungen[7] und subjektiven Wahrscheinlichkeiten (expectancies) berücksichtigt wird.

In den ersten Ansätzen befindet sich eine Reihe von Versuchen, durch Simulation des menschlichen Problemlösungsverhaltens und der menschlichen Informationsverarbeitung auf elektronischen Datenverarbeitungsanlagen zu einer Verbesserung und Differenzierung der bestehenden theoretischen Ansätze zur Erklärung individuellen Entscheidungsverhaltens vor allem auch unter Berücksichtigung der Prozesse der Informationsaufnahme und der Informationsverarbeitung zu kommen. Zu nennen sind hier unter anderem Versuche von *Julian Feldman* zur Simulation von Entscheidungsverhalten (siehe z.B. *Julian Feldman,* 1961), von *Allen Newell, J.U. Shaw* und *Herbert A. Simon* zur Simulation menschlichen Problemlösungsverhaltens (siehe z.B. *Allen Newell* und *Herbert A. Simon,* 1961), von *Edward A. Feigenbaum* zur Simulation von verbalem Lernen und von Begriffsbildung sowie den damit verbundenen Prozessen der Informationsspeicherung (Gedächtnis) und des Abrufens von gespeicherten Informationen (siehe z.B. *Edward A. Feigenbaum,* 1961), von *Robert Abelson* zur Simulation von kognitiven Strukturen und Prozessen (siehe z.B. *Robert P. Abelson* und *J. Douglas Carroll,* 1965; sowie *Ward Edwards,* 1966) und von *Kenneth M. Colby* zur Simulation kognitiver Strukturen und Prozesse bei Neurotikern (siehe z.B. *Kenneth M. Colby* und *John P. Gilbert,* 1964). Obwohl es sich hierbei um einen noch relativ jungen Wissenschaftszweig handelt, ist die Zahl der bisher erschienenen Beiträge zu diesem Thema schon fast unübersehbar. Gute Übersichten und Zusammenstellungen der wichtigsten Arbeiten finden sich in *Edward A. Feigenbaum* und *Julian Feldman* (1963), *Walter R. Reitman* (1965), *Marvin Minsky* (1968), *John C. Loehlin* (1968), *Robert P. Abelson* (1968) und *Herbert A. Simon* (1969).

Es ist mit einiger Wahrscheinlichkeit anzunehmen, daß diese Forschungsrichtung in absehbarer Zukunft zu einer erheblichen Vermehrung und Vertiefung unseres Wissens sowohl über individuelles Entscheidungsverhalten als auch über eine Anzahl weiterer Aspekte menschlichen Verhaltens führen wird, vor allem auch über die Prozesse der Informationsverarbeitung beim Menschen, das heißt darüber, wie die in einer Entscheidungssituation zur Verfügung stehenden Alternativen durch das Individuum wahrgenommen werden und wie diese Wahrnehmungen in entsprechende Entscheidungshandlungen umgesetzt werden.

1.1.6 *Entwicklung und Verbesserung von Meßinstrumenten*

Dem Problem der Messung der in den theoretischen Ansätzen enthaltenen zentralen Variablen (vor allem Nutzenvorstellungen und subjektive Wahrscheinlichkeit) wurde von Anfang an recht große Beachtung geschenkt, so daß in den meisten der bislang angeführten Arbeiten in mehr oder weniger ausführlicher Weise die jeweils benutzten Meßoperationen beschrieben und auch kritisch diskutiert werden. Es sei daher hier zum Abschluß nur noch auf eine kleine Auswahl von Arbeiten hingewiesen, die sich fast ausschließlich der Frage der Messung dieser Variablen widmen, wie z.B. *Frederik Mosteller* und *Philip Nogee* (1951) und *Francis W. Irwin* (1961), die sich mit dem Problem der Messung von Nutzenvorstellungen befassen, oder *Donald Davidson, Patrick Suppes* und *Sidney Siegel* (1957) und *Amos Tversky* (1967a und 1967b), die den Versuch unternehmen, Nutzenvorstellungen und subjektive Wahrscheinlichkeiten auf der Grundlage des SEU-Modelles zu messen.

1.2 **Motivations- und lernpsychologische Ansätze**

Im Bereich der Psychologie reichen die Versuche, allgemeine theoretische Ansätze zur Erklärung menschlichen Verhaltens zu entwickeln, zurück bis in die Zeit des Beginnes einer wissenschaftlichen Psychologie, und die Literatur zu diesem Thema ist so umfangreich und so vielschichtig, daß hier weder ein allgemeiner Überblick noch eine differenzierte Darstellung einzelner Ansätze gegeben werden kann. Es sollen daher in diesem Abschnitt nur die in der Literatur zu diesem Thema feststellbaren wichtigsten Leitlinien und Knotenpunkte in sehr groben Zügen skizziert werden.

Charakteristisch für die frühen theoretischen Ansätze in der Psychologie zur Erklärung menschlichen Verhaltens ist eine geringe Differenziertheit (sie enthalten nur einige recht global skizzierte Variablen) und eine stark spekulative Ausrichtung. Das gilt insbesondere für die klassische Psychologie des ausgehenden 19. und beginnenden 20. Jahrhunderts, nach der alles menschliche Verhalten sich aufteilte in die drei Bereiche Wollen, Fühlen und Denken und nach der menschliches Verhalten bestimmt wurde durch (1) Instinkte, (2) Gefühle (Emotionen) und

(3) Habit (Gewohnheit), und das gilt (mit geringfügigen Einschränkungen) auch für die psychoanalytische Theorie von *Sigmund Freud,* die trotz aller Komplexität und Differenziertheit in einigen Teilaspekten und trotz eines relativ starken Bezuges zur empirischen Wirklichkeit (eine Fülle von sorgfältigen Beobachtungen bildete den Ausgangspunkt der Theorie), vor allem durch ihren Versuch, alles Verhalten auf sexuelle Triebe (und den Todestrieb) zurückzuführen, recht global und spekulativ bleibt.

Eine entscheidende Wendung in Richtung auf eine stärkere Differenzierung und systematische empirische Überprüfung der theoretischen Ansätze begann erst mit der Entwicklung der behavioristischen oder Stimulus-Response-Theorien des Lernens und Verhaltens auf der einen Seite und der kognitiven und feldtheoretischen Verhaltens- und Lerntheorien auf der anderen Seite.

Trotz der großen Zahl und der Vielfalt zum Teil sich widersprechender, zum Teil sich gegenseitig ergänzender theoretischer Ansätze, die seither entwickelt wurden, lassen sich doch ohne allzu große Schwierigkeiten zwei Hauptrichtungen unterscheiden, die hier den Ausführungen von *John W.* Atkinson (1964, Kap. 10) folgend als die Trieb-Habit-Theorie (Drive x Habit Theory) auf der einen und die Wert-Erwartungs-Theorie (Expectancy x Value Theory) auf der anderen Seite bezeichnet werden sollen.[8]

Die Trieb-Habit-Theorie fällt im wesentlichen zusammen mit jenen Ansätzen, die allgemein als "behavioristische", "Stimulus-Response" oder "Reinforcement-" Theorien bezeichnet werden, während die Wert-Erwartungs-Theorie im wesentlichen mit den sogenannten kognitiven und feldtheoretischen Lern- und Verhaltenstheorien zusammenfällt.

Beginnen wir zunächst mit der Trieb-Habit-Theorie. Es bestehen zwar im Detail zum Teil erhebliche Unterschiede zwischen den einzelnen theoretischen Ansätzen wie der Theorie der klassischen Konditionierung von *Iwan Petrovich Pawlow,* dem "Law of Effect" von *Edward L. Thorndike,* der Theorie der instrumentellen oder operanten Konditionierung von *Burrhus F. Skinner,* der Kontiguitätstheorie von *Edwin Guthrie,* den "Principles of Behavior" von *Clark L. Hull,* den teilweise auf *Freud*sche Ansätze aufbauenden Imitationstheorien (Lernen am Modell, "social learning") von *Neal E. Miller* und *John Dollard,* von *O. Hobart Mowrer* oder von *Albert Bandura* und *Richard H. Walters* und den mathematisch-statistischen Verhaltens- und Lerntheorien von *Robert R. Bush* und *Frederik Mosteller* oder von *William K. Estes,* um nur einige der wichtigsten Vertreter der unter die Trieb-Habit-Theorie zusammenfaßbaren Verhaltens- und Lerntheorien zu nennen; diese Unterschiede beziehen sich jedoch im wesentlichen darauf, wie bestimmte Verhaltensweisen bzw. bestimmte für das Verhalten relevante (das heißt, das Verhalten determinierende) Aspekte gelernt werden. In bezug auf die uns hier interessierende Frage nach den für die Erklärung individuellen Verhaltens relevanten Aspekten, das heißt, nach den Determinanten des Verhaltens, weisen jedoch diese Ansätze einen erheblichen Grad an Übereinstimmung auf.

Alle diese Theorien gehen davon aus, daß das Individuum (1) bestimmte Triebe, Motive, Bedürfnisse (oder wie immer man dieses bezeichnen möchte) hat, daß es (2) über ein mehr oder weniger großes Repertoire von Verhaltensmustern verfügt, die es im Laufe seines Lebens durch Erfahrung erworben hat, daß (3) die einzelnen Verhaltensmuster in mehr oder weniger enger Verbindung zu bestimmten Stimulussituationen stehen und daß (4) die Wahrscheinlichkeit, Stärke, Geschwindigkeit usw.

der Ausführung einer bestimmten Handlung durch das Individuum bei Vorliegen einer bestimmten Stimulussituation eine Funktion der Triebstärke sowie der Stärke der Verbindung zwischen der gegebenen Stimulussituation und dem jeweiligen Handlungsmuster ist.

Der entscheidende Unterschied zwischen diesem als Trieb-Habit-Theorie bezeichneten Ansatz und dem als Wert-Erwartungs-Theorie bezeichneten Ansatz, der den kognitiven Verhaltenstheorien zu Grunde liegt, besteht darin, daß nach der Wert-Erwartungs-Theorie die Wahrscheinlichkeit, Stärke, Geschwindigkeit usw., mit der ein Individuum in einer bestimmten Situation eine bestimmte Handlung ausführt, nicht wie in der Trieb-Habit-Theorie eine Funktion der Triebstärke und der Stärke der durch Erfahrungen aus der Vergangenheit entstandenen Verbindung zwischen der gegebenen Stimulussituation und dem jeweiligen Handlungsmuster ist, sondern eine Funktion der Stärke der Erwartungen, daß die jeweilige Handlung zu einem bestimmten Ergebnis (oder Ziel) führen wird und dem Wert, den dieses Ergebnis (Ziel) für das Individuum hat, bzw. der Stärke des Wunsches, mit dem das Individuum die Erreichung dieses Zieles anstrebt.

Bei genauerer Betrachtung erweist sich allerdings auch dieser Unterschied weniger als ein Unterschied in der inhaltlichen Aussage als vielmehr im wesentlichen als ein Unterschied in der wissenschaftstheoretischen Grundauffassung, in der Methodik. Charakteristisch für alle Vertreter der Trieb-Habit-Theorie ist ihre enge Bindung an die behavioristische Tradition und die daraus resultierende unverkennbare Abneigung gegenüber allen nicht beobachtbaren, hypothetischen Konstrukten wie Motiven, Erwartungen, Werten und dergleichen. Zwar kommen auch die Vertreter der Trieb-Habit-Theorie eingestandenermaßen nicht ganz ohne solche nicht direkt beobachtbare hypothetische Konstrukte aus, sie sind aber sehr darauf bedacht, die Zahl solcher Konstrukte auf einem Minimum zu halten, und soweit die Einführung solcher Konstrukte nicht zu umgehen ist, wie bei "Trieb" oder "Reinforcement", werden große Anstrengungen unternommen, um diese Konstrukte so weit wie irgend möglich mit Hilfe eindeutig beobachtbarer Sachverhalte wie z.B. Dauer des Nahrungsentzuges (= Triebstärke) oder Menge der erhaltenen Nahrung (= Reinforcement) zu definieren.

Die Vertreter der Wert-Erwartungs-Theorie dagegen neigen in einem unverkennbar stärkeren Maße als die Vertreter der Trieb-Habit-Theorie dazu, auch nicht beobachtbare, hypothetische Konstrukte in ihren Theorien zu verwenden, wenn sich solche Konstrukte für die Erklärung eines bestimmten Phänomens als notwendig oder auch nur als geeignet erweisen, wie es zum Beispiel bei den Konstrukten "Erwartung" oder "Wert" der Fall ist. Etwas vereinfachend ausgedrückt: der Unterschied zwischen den Vertretern der Trieb-Habit-Theorie und den Vertretern der Wert-Erwartungs-Theorie besteht im wesentlichen darin, daß die letzteren bereit sind, "spekulative Elemente" in ihre Theorien eingehen zu lassen, wenn sie glauben, dadurch bestimmte Phänomene besser erklären zu können, während die ersteren solche "Spekulationen" ablehnen und ihre theoretischen Aussagen stets auf das zu beschränken versuchen, was sie auch tatsächlich sofort und unmittelbar an "harten Fakten" überprüfen können.[9]

So berechtigt nun auch die rigorose und konsequente methodische Grundhaltung der Vertreter der Trieb-Habit-Theorie ist, wenn es darum geht, die Richtigkeit bestimmter theoretischer Ansätze und Hypothesen zu prüfen, so unangemessen ist diese Haltung, wenn es darum geht, neue Wege zu finden, das heißt, alternative theoretische Ansätze zu entwickeln, die (1) in der Lage sind (oder zumindest die Möglichkeit eröffnen), die bestehenden, sorgfältig und eingehend getesteten und "wohlfundierten" theoretischen Ansätze aus den Sackgassen, in die sie geraten sind, herauszuführen und/oder (2) eine erhebliche Erweiterung des Anwendungsbereiches bestehender Theorien darstellen.

Die Quintessenz dieser Überlegungen ist, daß bei einem Versuch, die alternativen theoretischen Ansätze in einen allgemeineren und weiteren Zusammenhang zu stellen, in einen Zusammenhang, in dem die dogmatische Betonung bestimmter (einseitiger) Prinzipien aufgegeben wird, das heißt, in dem nicht nur der rigorosen und methodisch einwandfreien empirischen Überprüfung theoretischer Aussagen eine große Bedeutung beigemessen wird, sondern in dem auch die Entwicklung neuer oder erheblich erweiterter theoretischer Ansätze (die notwendigerweise spekulative Elemente enthalten) und das Vordringen in bisher wenig erforschte Gebiete eine zentrale Bedeutung erhält, daß bei einem solchen Versuch die Unterschiede zwischen der Trieb-Habit-Theorie und der Wert-Erwartungs-Theorie sich nicht als unüberbrückbare Gegensätze, sondern eher als sich gegenseitig in fast idealer Weise ergänzend erweisen sollten.

Es ist durchaus denkbar, ja sogar wahrscheinlich, daß bei einem intensiven Versuch, die Trieb-Habit-Theorie mit der Wert-Erwartungs-Theorie zu konfrontieren, bei dem (1) Unterschiede und insbesondere sich aus einer Detailanalyse ergebende Gegensätze zwischen den alternativen Ansätzen herausgearbeitet werden, bei dem (2) soweit sich widersprechende Aussagen ableiten lassen, empirische Untersuchungen angesetzt werden, die es erlauben, zu entscheiden, welche dieser sich widersprechenden Aussagen mit der Realität unvereinbar und daher zu verwerfen sind, bzw. die Anhaltspunkte dafür liefern, unter welchen spezifischen Zusatzbedingungen die einzelnen Aussagen gelten und bei dem (3) die sich daraus ergebenden Modifikationen an den beiden alternativen Ansätzen vorgenommen werden, die Trieb-Habit-Theorie sich als ein Spezialfall der Wert-Erwartungs-Theorie erweisen würde.

Etwas vereinfachend dargestellt (wir können hier keine detaillierte Analyse dieses gewiß sehr interessanten und lohnenden Problems vornehmen), dürfte sich am Ende eines solchen Versuches "Triebstärke" (drive) als ein spezieller Wert (ein "biologisch" determinierter Wert, dessen Größe eine monoton steigende Funktion der Dauer des Belohnungsentzuges ist) und "Habit" (habit strength) als eine spezielle Erwartung erweisen (aus der Erfahrung in der Vergangenheit, daß bestimmte Handlungsfolgen — unter bestimmten Bedingungen — zu bestimmten Ergebnissen, das heißt, zu bestimmten Belohnungen oder Bestrafungen führten, entsteht bei dem Individuum die Erwartung, daß bei gleichem Verhalten unter gleichen Bedingungen in der Zukunft das gleiche Ergebnis eintreten wird).

Neuere Entwicklungen und Modifikationen sowohl bei den Trieb-Habit-Theorien als auch bei den Wert-Erwartungs-Theorien weisen auch in der Tat einige Konvergenztendenzen auf, die zum Teil so stark sind, daß sie bereits im Jahr 1956 von *John P. Seward* in einem Aufsatz mit dem bezeichnenden Titel "Reinforcement and Expectancy: Two Theories in Search of a Controversity" zu der folgenden Aussage veranlaßten: "Angesichts der neuesten Entwicklung erscheint es angemessen zu fragen, welche wesentlichen Unterschiede, wenn überhaupt, zwischen ihnen (den Reinforcement-Theorien und den Erwartungstheorien) bestehen bleiben" (*John P. Seward,* 1956, S. 105).[10]

Da nun für unsere Zielsetzung (die Entwicklung eines theoretischen Bezugsrahmens für die Erklärung menschlichen Entscheidungsverhaltens − vgl. dazu die Ausführungen auf S. 2) die Aufnahme einiger spekulativer Elemente nicht nur nicht nachteilig sondern im Gegenteil sogar von Nutzen ist, wollen wir uns im folgenden der etwas stärker spekulativ ausgerichteten Wert-Erwartungs-Theorie zuwenden und versuchen, die Ansätze einiger Vertreter dieser Richtung kurz zu skizzieren.

Einer der ersten und einflußreichsten Vertreter der Wert-Erwartungs-Theorie ist *Kurt Lewin*. Die uns hier interessierenden Aspekte seiner Feldtheorie lassen sich in etwa folgender Weise zusammenfassen. − Vergleiche dazu *Kurt Lewin* (1935, 1936, 1938 und 1951). Gute zusammenfassende Darstellungen finden sich unter anderem bei *John W. Atkinson* (1964, Kapitel 4, S. 66-106) und bei *Morton Deutsch* (1967). −

Das Verhalten (V) eines Individuums ist eine Funktion des Lebensraumes (L) dieses Individuums. Der Lebensraum eines Individuums besteht aus dem Individuum (der Person) selbst und der psychologischen Umwelt wie sie von der Person gesehen wird. Der Lebensraum hat sowohl eine "räumliche" als auch eine zeitliche Dimension und gliedert sich in mehr oder weniger stark voneinander abgegrenzte Regionen. Jede Region hat eine bestimmte Valenz. Die Valenz einer Region ist definiert als der Grad der "Attraktivität" (die auch negative Werte annehmen kann), den die Region für das Individuum besitzt. Das Verhalten eines Individuums ist definiert als die "Lokomotion" (Bewegung) des Individuums von einer Region seines Lebensraumes (der Region, in der sich das Individuum zu einer gegebenen Zeit befindet) zu einer anderen Region seines Lebensraumes.

Ob nun zu einer gegebenen Zeit ein Verhalten (Lokomotion) und in welche Richtung dieses Verhalten erfolgt, wird bestimmt durch das zu der gegebenen Zeit bestehende "Kraftfeld". Eine Region mit positiver Valenz übt eine Anziehungskraft, eine Region mit negativer Valenz eine abstoßende Kraft auf das Individuum aus, wobei die Stärke der Kraft positiv proportional zu dem absoluten Wert der Valenz dieser Region und negativ proportional zu der "psychologischen Distanz"[11] zwischen der Person (bzw. ihrer gegenwärtigen Region) und dieser Region ist.

Nach *Lewin* ist die Richtung der Lokomotion bestimmt durch die Richtung der Resultante der in dem Feld wirkenden Teilkräfte. Die Richtung der Resultante ergibt sich dabei nach *Lewin* zum einen aus der Lage bestimmter ausgezeichneter Regionen des Lebensraumes, die eine (hohe) positive Valenz besitzen und als Zielregionen bezeichnet werden (= Situationen, die das Individuum anstrebt, die es zu verwirklichen wünscht) sowie aus der Valenz dieser Regionen und zum anderen aus den "Wegen", die von der gegenwärtigen Region (der Region, in der das Individuum sich gegenwärtig sieht) zu der jeweiligen Zielregion führen, den Valenzen der Regionen, die auf diesen Wegen zur Zielregion passiert werden müssen (soweit die Valenzen dieser Regionen negativ sind, stellen sie einen Widerstand oder eine Barriere dar) und den Vorstellungen des Individuums darüber, mit welcher Wahrscheinlichkeit bestimmte Wege zur Erreichung der jeweiligen Ziele führen (subjektive Wahrscheinlichkeit). Wie allerdings diese Richtung der resultierenden Kraft nun genau zu ermitteln ist, bleibt dabei noch ziemlich unklar.

Die Stärke von *Lewin* liegt in der Fülle und zum Teil auch in der Originalität seiner Ideen, seine Schwäche liegt in der geringen Präzision vieler seiner Ausführungen. Da *Lewin* selbst nie eine systematische und zusammenfassende Darstellung seines theoretischen Systems geliefert hat, ist es unmöglich, die zentralen Aspekte seines theoretischen Systems in so gedrängter Form wie es hier geschehen ist, vollständig und einwandfrei wiederzugeben.

Dennoch dürfte wohl weitgehende Einigkeit darüber bestehen, daß die folgenden drei Variablen die zentralen Determinanten menschlichen Verhaltens in der *Lewin*schen Verhaltenstheorie sind:
1) die *Valenz einer Region* (einer Situation, eines Objektes), die sich ergibt aus der "Bedürfnisstruktur" des Individuums und aus den Vorstellungen des Individuums darüber, in welchem Ausmaß die jeweilige Region (Situation, Objekt) eine Bedürfnisbefriedigung erwarten läßt,
2) die *subjektive Wahrscheinlichkeit,* das heißt, der Grad der Gewißheit, mit dem das Individuum glaubt, durch eine bestimmte Handlungsfolge (auf einem bestimmten Wege) ein bestimmtes Ziel zu erreichen, und
3) der *Widerstand,* der bei dem Versuch, eine bestimmte Handlungsfolge durchzuführen (einen bestimmten Weg zu gehen), nach Meinung des Individuums auftreten wird und der sich ergibt als eine Art Summe der negativen Valenzen der zu durchlaufenden Zwischenregionen oder auch als ein Maß für den Gesamtumfang der Anstrengungen, die erforderlich sind, um den Weg von der gegenwärtigen Region bis zur jeweiligen Zielregion zurückzulegen.

Es dürfte ebenfalls weitgehende Einigkeit darüber bestehen, daß die folgenden zwei Hypothesen die Grundhypothesen der *Lewin*schen Verhaltenstheorie darstellen:
1) die Wahrscheinlichkeit dafür, daß ein Individuum eine bestimmte Lokomotion (eine bestimmte Handlungsfolge) ausführt, ist um so größer, je größer die Kraft in Richtung auf diese Lokomotion ist,
2) die Kraft, die auf ein Individuum wirkt, eine bestimmte Lokomotion in eine bestimmte Richtung durchzuführen (= eine bestimmte Handlungsfolge auszuführen) ist um so größer,
a) je größer die Valenz der Zielregion (Situation, Objekt),
b) je größer die subjektive Wahrscheinlichkeit, mit dieser Handlungsfolge die jeweilige Zielregion zu erreichen,
c) je geringer der dieser Handlungsfolge entgegenstehende Widerstand.

Mit *Lewin* etwa auf gleicher Stufe zu nennen ist *Edward C. Tolman. Tolman*s Theorie des "absichtlichen" Verhaltens (purposive behavior) hat sehr viel Ähnlichkeit mit der *Lewin*schen Feldtheorie und unterscheidet sich von dieser vor allem dadurch, daß *Tolman* a) im Gegensatz zu *Lewin* an mehreren Stellen systematische Darstellungen der Kerngedanken seiner Theorie liefert − vergleiche dazu *Edward C. Tolman* (1951, 1952 und 1959) − und b) in erheblich stärkerem Maße als *Lewin* operationale Definitionen seiner theoretischen Konstrukte angibt.

Tolman unterscheidet zunächst drei große Klassen von Variablen, die für die Erklärung menschlichen Verhaltens relevant sind: die unabhängigen Variablen, die intervenierenden Variablen und die abhängigen Variablen.

Als *unabhängige Variablen* führt *Tolman* an:
(1) die Stimulus-Situation (= Eigenschaften der Umgebung, in der das Individuum sich zu einem bestimmten Zeitpunkt befindet), die das Verhalten des Individuums nur über eine entsprechende Einwirkung auf die Sinnesorgane und auf die Gedächtnisspuren beeinflussen;
(2) die "Triebzustände" (states of drive arousal and/or drive satiation) (= die genaue Beschaffenheit von Organen und Geweben, nicht aber die daraus resultierende Be-

dürfnisstruktur, das heißt, die Bereitschaft oder Nichtbereitschaft, bestimmte Klassen von Verhaltensweisen auszuführen, die nach *Tolman* zu den intervenierenden Variablen zählen) und

(3) individuelle Differenzierungen hervorrufende Variablen wie Anlage, Alter, Geschlecht, sowie die besonderen physiologischen Bedingungen, die durch Drogen, endokrine Störungen und dergleichen erzeugt werden und die nach *Tolman* jene Klassen von intervenierenden Variablen determinieren, die allgemein als Persönlichkeitsmerkmale (traits) bezeichnet werden.

Die *abhängige Variable* ist die Handlung (action), die vom rein physiologischen Standpunkt aus gesehen zwar aus der bloßen Kombination von Reaktionen der inneren Organe, der Muskeln und der Stimmbänder (verbale Handlungen) besteht, vom Standpunkt der *Tolman*schen Handlungstheorie jedoch nicht nach den zugrundeliegenden physiologischen Prozessen, sondern nach der Handlungsbedeutung oder Handlungsabsicht (action meaning) zu definieren ist.

Die *intervenierenden Variablen* sind als postulierte Erklärungsgrößen durch eine Menge von kausalen Beziehungen mit den unabhängigen Variablen und durch eine andere Menge von kausalen Beziehungen mit den abhängigen Variablen verbunden. Eine schematische Darstellung des Handlungsmodelles von *Tolman,* in dem vor allem das System der intervenierenden Variablen mit seinen wichtigsten Elementen und Beziehungen dargestellt ist, zeigt Figur 2.

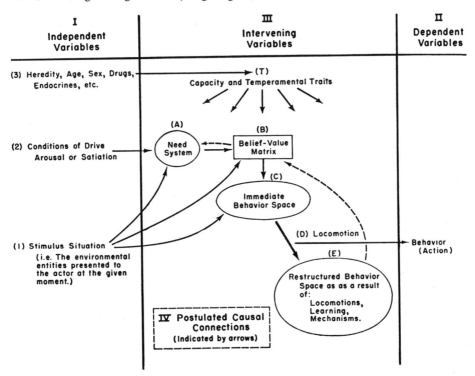

Figur 2   Das Handlungsmodell von *Tolman* – Quelle: *Edward C. Tolman* (1951, S. 286) –

Die intervenierenden Variablen (bzw. Variablenkomplexe) des Handlungsmodelles von *Tolman* sind danach:

(A) das Bedürfnissystem (Need System),

(B) die Vorstellungs-Wert-Matrix (Belief-Value Matrix),

(C) der unmittelbare Verhaltensraum (Immediate Behavior Space),

(D) die Lokomotion (Locomotion),

(E) der umstrukturierte Verhaltensraum (Restructed Behavior Space as a result of: Locomotion, Learning, Mechanisms) und

(T) Fähigkeiten und Temperament (Capacity and Temperamental Traits).

Von diesen intervenierenden Variablen sind das Bedürfnis-System (A), die Vorstellungs-Wert-Matrix (B) und der unmittelbare Verhaltensraum (C) als die wesentlichen Determinanten des Verhaltens anzusehen, während die Lokomotion (D) und der umstrukturierte Verhaltensraum (E) bereits den Übergang zur abhängigen Variablen, dem tatsächlich ausgeführten Verhalten, darstellen und in das Modell aufgenommen wurden, um den "dynamischen" Charakter des Modells zum Ausdruck zu bringen.

Die *Lokomotion* stellt den (gedanklichen) Übergang des handelnden Individuums von einer Region des Verhaltensraumes zu einer anderen Region, das heißt, die (gedankliche) Vorwegnahme eines bestimmten Verhaltens dar.[12] Der *"umstruktu-rierte Verhaltensraum"* ist die aus der Lokomotion (möglicherweise) resultierende Veränderung der Vorstellung von dem unmittelbaren Verhaltensraum.

Die *Fähigkeiten und das Temperament* nehmen in dem Verhaltensmodell von *Tolman* insofern eine Sonderstellung ein, als von ihnen zwar angenommen wird, daß sie in irgendeiner Weise das Verhalten des Individuums beeinflussen, daß aber von *Tolman* keine expliziten Vorstellungen darüber entwickelt wurden, in welcher Weise dieser Einfluß genau erfolgt.

Die Konzeption und die Wirkungsweise der drei wichtigsten verhaltensdeterminierenden Variablen Bedürfnissystem, Vorstellungs-Wert-Matrix und unmittelbarer Verhaltensraum ist in Figur 3 an dem Beispiel eines Restaurantbesuches erläutert.

Das *Bedürfnissystem (A)* besteht aus einem Gefüge von miteinander verbundenen Bedürfnissen. Bedürfnisse sind im Gegensatz zu Trieben (die nur unspezifische Mangelzustände wie z.B. das – unbestimmte – Hungergefühl, in dem noch keine Spezifizierung auf ein bestimmtes Nahrungsmittel erfolgt ist, darstellen) objektbezogen und können sowohl positive (Appetit auf bestimmte Nahrungsmittel) als auch negative (Aversion gegen bestimmte Nahrungsmittel) Werte annehmen. Die Stärke der Bedürfnisse, die in Figur 3 durch die Zahl der Plus- bzw. Minuszeichen ausgedrückt wird, ist abhängig sowohl von der Stärke des zugrundeliegenden Triebes (oder, falls ein Bedürfnis das Ergebnis der Wirkung mehrerer Triebe ist, von der (Gesamt-) Stärke aller dieser Triebe) als auch von der Präsenz und den Eigenschaften bestimmter Objekte, die (nach Meinung des Individuums) eine Reduzierung der Triebstärke ermöglichen.

Die *Vorstellungs-Wert-Matrix (B)* besteht aus den "typisierten" Vorstellungen des Individuums über die Objekte der Umgebung in bezug auf sein Bedürfnissystem, insbesondere (1) aus den Vorstellungen darüber, wie und in welchem Maße bestimmte Objekte oder Situationen die Befriedigung der jeweils gegebenen Bedürfnisse ermöglichen oder behindern, und (2) aus den Vorstellungen darüber, welche Handlungen (Handlungsfolgen) mit welcher Wahrscheinlichkeit zur Erreichung einer bestimmten Situation (Region) führen.[13]

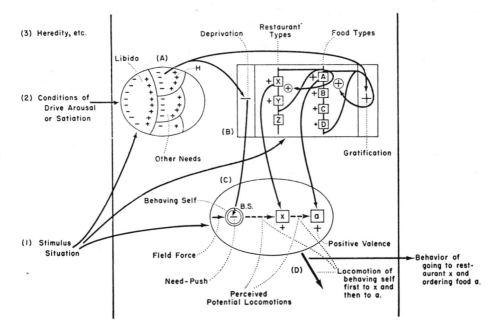

Figur 3   Erläuterung des Handlungsmodelles von *Tolman* am Beispiel eines Restaurantbesuches
– Quelle: *Edward C. Tolman* (1951, S. 287) –

Der *unmittelbare Verhaltensraum (C)* schließlich ist definiert als der Komplex von Wahrnehmungen (einschließlich der dem Gedächtnis entnommenen und erschlossenen Vorstellungen) der konkreten Umgebung (der darin enthaltenen Objekte, einschließlich des Individuums selbst sowie der zwischen den Objekten und Individuum bestehenden Beziehungen).

In einer neueren Arbeit (*Tolman*, 1959) hat *Tolman* die Beziehungen zwischen den einzelnen Variablen noch etwas präziser herausgearbeitet und mit Hilfe mathematischer Symbole dargestellt. Figur 4 zeigt die mathematische Darstellung des von *Tolman* entwickelten theoretischen Systems illustriert am Beispiel der Nahrungsaufnahme (vergleiche dazu die schematische Darstellung des Besuches eines Restaurants in Figur 3).

Ohne hier im einzelnen auf die genaue Bedeutung und Interpretation der verschiedenen mathematischen Ausdrücke eingehen zu können (dazu sei auf die Ausführungen bei *Tolman*, 1959, insbesondere S. 99-109, hingewiesen), seien hier die wichtigsten Aspekte dieses theoretischen Systems kurz erläutert: Wie in dem älteren Handlungsmodell unterscheidet *Tolman* auch hier zwischen unabhängigen, abhängigen und intervenierenden Variablen.

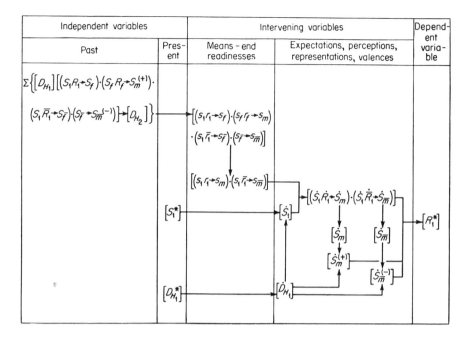

Figur 4   Das Handlungsmodell von *Tolman* in der (neueren) Version von 1959 — Quelle: *Edward C. Tolman* (1959, S. 99) —

Die *unabhängigen Variablen* werden nach dem neueren Modell aufgeteilt in "Variablen aus der Vergangenheit" und in "gegenwärtige Variablen".

Die *"Variablen aus der Vergangenheit"* sind nun genau genommen nichts anderes als die "Erfahrungen aus der Vergangenheit"; denn der unter dieser Überschrift enthaltene mathematische Ausdruck repräsentiert die Summe aller vergangenen Ereignisse, in denen bei Vorliegen einer bestimmten Triebstärke bzw. "Triebstimulation"[14] D_{HI} und einer bestimmten Stimulussituation S_1 eine bestimmte Folgesituation S_f (z.B. Vorhandensein von Nahrung) eintrat, wenn das Individuum eine bestimmte Handlungsfolge R_1 ausführte und schließlich eine Zielsituation S_m + mit positivem Belohnungswert erreicht wurde, die ihrerseits zu einer Triebveränderung (Triebreduktion) führte, wenn in der Situation S_f die konsumierende Handlung R_f (z.B. essen) ausgeführt wurde, und in denen die Situation S_f und S_m + sowie die damit verbundene Triebreduzierung nicht eintraten, wenn das Individuum eine andere Handlungsfolge als R_1 ausführte.

Die *"gegenwärtigen unabhängigen Variablen"* bestehen aus der gegenwärtigen Beschaffenheit der Stimulussituation S_1 sowie der gegenwärtigen Beschaffenheit und Stärke der Triebstimulierung D_{HI}.

Die unabhängigen Variablen determinieren nun nach *Tolman* eine Reihe von *intervenierenden Variablen:*

Die Erfahrungen aus der Vergangenheit bestimmen die *"means-end readiness"* (Pfeil 1), das sind nach *Tolman* die Vorstellungen über Mittel-Ziel-Beziehungen, oder anders ausgedrückt, die Vorstellungen darüber, welche Handlungsfolgen zu welchen Ergebnissen führen. Diese aus den Erfahrungen aus der Vergangenheit erwachsenden Vorstellungen über Mittel-Ziel-Beziehungen haben zwei Komponenten: die *Wahrscheinlichkeit,* mit der nach Meinung des Individuums ein bestimmtes Ereignis bei Durchführung einer bestimmten Handlungsfolge eintreten wird[15] und der *Grad der Überzeugung,* mit der das Individuum an die Richtigkeit seiner Vorstellungen glaubt.

Die gegenwärtige Beschaffenheit und Stärke der Triebstimulierung bestimmt die gegenwärtig vom Individuum *"wahrgenommene" Triebstimulierung* (Pfeil 2). Diese gegenwärtig vom Individuum "wahrgenommene" Triebstimulierung bestimmt in Verbindung mit der gegenwärtigen Stimulussituation die *Wahrnehmung der gegenwärtigen Stimulussituation* (Pfeile 3 und 4), und die Wahrnehmung der gegenwärtigen Stimulussituation bestimmt wiederum in Verbindung mit den Mittel-Ziel-Vorstellungen die *Erwartungen* darüber, welche (Ziel-) Situationen bei Durchführung bestimmter Handlungsfolgen in der gegenwärtigen Situation eintreten werden (Pfeil 5).

In Verbindung mit den "wahrgenommenen" Triebstimulierungen erhalten die erwarteten (Ziel-) Situationen eine positive oder negative *Valenz* (Pfeile 6 und 7).

Die *abhängige Variable* schließlich, das heißt, die vom Individuum ausgeführte Handlungsfolge, wird bestimmt durch die Erwartungen darüber, welche Handlungsfolgen zu welchen Ergebnissen führen, und durch die Valenzen der Situationen, deren Eintreten im Falle der Durchführung einer bestimmten Handlungsfolge erwartet wird (Pfeil 8).

Außer diesen beiden "klassischen" Vertretern der "Wert-Erwartungs-Theorie" ist in diesem Zusammenhang aus jüngerer Zeit und aus dem deutschen Sprachbereich vor allem eine Arbeit von *Heinz Heckhausen* (1963)[16] zu erwähnen, die sich zwar dem Titel nach ("Eine Rahmentheorie der Motivation in zehn Thesen") nur mit "Motivation" befaßt, in Wirklichkeit aber doch einen Katalog von Thesen zur Erklärung menschlichen (Entscheidungs-) Verhaltens darstellt. *Heckhausen* wendet sich in dieser Arbeit zunächst gegen die verbreitete (und in gewisser Weise auch von *Lewin* und *Tolman* geteilte) Auffassung, daß "Motivation eine Anhäufung verfügbarer psychischer Energie sei, welche die Funktionsapparate des Sensoriums und der Exekutive in Bewegung setze und halte" (S. 604) und schließt sich der Auffassung von *Donald O. Hebb* (1949 und 1955) an. Nach der Auffassung von *Hebb,* die sich inzwischen weitgehend durchgesetzt hat, ist die für die Durchführung einer Handlung erforderliche Energie nicht im Reiz enthalten, sondern stammt aus der Nahrung, dem Wasser und dem Sauerstoff, die der Organismus aufnimmt, und ist daher immer vorhanden (solange der Organismus lebt). Das Problem besteht deshalb nach *Hebb* nicht darin, die Entstehung der Aktivität, sondern die Richtung, die Steuerung der Aktivität (und die Inaktivität) zu erklären.

Das, was *Heckhausen* erklären will, ist nach seinen eigenen Worten "sicher nicht, daß Lebewesen überhaupt lebendig und aktiv tätig sind; wohl aber, daß ihr Verhalten über weite Zeitspannen hin geordnet und gesteuert ist, daß bestimmte Umweltbezüge vor vielen anderen möglichen aufgesucht oder gemieden werden" (S. 605).

Im einzelnen stellt *Heckhausen* folgende 10 Thesen auf (gekürzt):

These 1: Motivationen beruhen auf hochorganisierten kognitiven Systemen von Person-Umwelt-Bezügen (Gefüge von Ansichten, Überzeugungen und Wertungen in der Art wie die "belief-value-matrics" nach *Tolman* oder der "Lebensraum" nach *Lewin).*

These 2: Diese kognitiven Systeme bestehen vor allem aus den "relativ überdauernden Erfahrungsniederschlägen der bisherigen (insbesondere frühen) Lebensgeschichte", bleiben jedoch weiter erfahrungsabhängig und daher wandlungsfähig.

These 3: Es gibt soviel verschiedene Motivationen, wie sich Inhaltsklassen unterschiedlicher Person-Umwelt-Bezüge herausgebildet haben.

Diese These löst den uralten Streit über Zahl und Abgrenzung von Motiven: nicht die terminologische Abgrenzung und Klassifikation ist das Problem, sondern die Aufdeckung von Inhaltsklassen von durchgehenden Person-Umwelt-Bezügen, die untereinander bedeutungs- und funktionsidentisch sind (wie es z.b. bei dem von *David C. McClelland* entwickelten Begriff der Leistungsmotivation der Fall ist – siehe dazu z.B. *David C. McClelland* und andere (1953) sowie *David C. McClelland* (1961) –).

These 4: Die "hochorganisierten kognitiven Systeme von Person-Umwelt-Bezügen" (vgl. These 1) stellen die Bezugssysteme zu den jeweiligen aktuellen Person-Umwelt-Bezügen dar und legen insbesondere die Normen fest, wie ein Umwelt-Bezug beschaffen sein muß, um als befriedigend empfunden zu werden.

These 5: Die Norm eines befriedigenden Person-Umwelt-Systems (= Soll-Lage) wird festgelegt:
(1) durch die Erfahrungsniederschläge der bisherigen Lebensgeschichte (vgl. These 2),
(2) durch konstitutionelle Merkmale des Organismus,
(3) durch die "sachimmanente Prägnanzstruktur einer Inhaltsklasse von Person-Umwelt-Bezügen" (z.B. Anforderungen, die sich aus einer Aufgabe ergeben),
(4) durch Übernahme tradierter Normvorstellungen und
(5) durch das Anregungspotential eines Umwelt-Bezuges (= Aktivierungszirkel von bestimmten Ablaufsformen).

These 6: Die Soll-Lagen (vgl. These 5) können sein:
(1) durchschnittsstatistische Normal-Lagen (wenn Erfahrungsniederschläge ausschlaggebend sind),
(2) relativ fixierte Optimal-Lagen (wenn konstitutionelle Merkmale ausschlaggebend sind),
(3) Ideal-Lagen, die weniger ein fixiertes Niveau als eine Richtungstendenz darstellen (wenn sachimmanente Prägnanzstrukturen oder tradierte Normvorstellungen ausschlaggebend sind), oder
(4) Pendel-Lagen (wenn Aktivierungszirkel auslösende Anregungspotentiale ausschlaggebend sind).

These 7: Die gegenwärtig bestehenden (genauer: wahrgenommenen) oder die in Zukunft erwarteten Person-Umwelt-Bezüge (= Ist-Lagen) weichen mehr oder weniger stark von der Soll-Lage ab. Diskrepanzen zwischen Ist-Lage und Soll-Lage sind mit "besonderen Lage-Gefühlen" verbunden. Größer werdende Abweichungen zwischen Ist- und Soll-Lagen rufen im allgemeinen (wenn bestimmte Schwellenwerte überschritten werden) Unlust- und Gespanntheitsgefühle hervor. Bei kleiner werdenden Abweichungen ist es entsprechend umgekehrt.

These 8: Es werden Diskrepanzen zwischen der gegenwärtig bestehenden (bzw. wahrgenommenen) und der künftig erwarteten Situation, das heißt, eine Veränderungsreihe von Ist-Lagen (= Erwartungsgefälle) innerhalb der relativ überdauernden Soll-Lage (gedanklich) vorweggenommen. Diese Vorwegnahmen sind mehr oder weniger gefühlsbetont (= Erwartungsemotionen). Diese Erwartungsemotionen sind (im Erleben) das eigentlich motivierende Agens im engeren Sinne.

Es ist somit zu unterscheiden zwischen

1. der aktuellen Motivation (= Motivierung), die "gleichzusetzen" ist mit (bzw. genauer: eine positiv wachsende Funktion der im folgenden genannten Variablen ist): (a) der Größe der Diskrepanz zwischen gegenwärtiger und künftiger (vorweggenommener) Ist-Lage, (b) der psychischen Distanz zwischen diesen beiden Lagen (beides zusammen ergibt die "Steilheit des Erwartungsgefälles") und (c) der Veränderungsrichtung dieser Diskrepanz und

2. der überdauernden Motivation (= Motivationsbereitschaft), die mit der Soll-Lage gleichzusetzen ist.

These 9: Das Verhalten ist bestimmt durch die Steilheit und Gerichtetheit des Erwartungsgefälles. Die kognitiven und motorischen Funktionen sind darauf gerichtet und abgestimmt, die Diskrepanz der Ist- zur Soll-Lage so klein wie möglich zu halten.

These 9 stellt (in Verbindung mit These 8) den Kern der Verhaltenstheorie von *Heckhausen* dar. Man beachte dabei, daß *Heckhausen* unter Verhalten nicht nur motorische Aktivitäten, sondern (offensichtlich) auch kognitive Aktivitäten versteht, denn die Diskrepanz zwischen Ist- und Soll-Lagen kann nach These 9 sowohl durch motorische Aktivitäten (aktiver Eingriff in die Ist-Lage bzw. umweltveränderndes Verhalten) als auch durch kognitive Aktivitäten (Veränderung der Soll-Lage wie z.B. Verringerung des Anspruchsniveaus oder (kognitive) Veränderung (in der Regel Verzerrung) der wahrgenommenen Ist-Lage) reduziert werden. – Vgl. hierzu auch die Ausführungen bei *Werner Langenheder* (1968, S. 80-81). –

These 10: Die unterschiedliche Gerichtetheit des Erwartungsgefälles entspricht den Erwartungsemotionen vom Typ der Hoffnung (kleiner werdende Abweichung) und vom Typ der Furcht (größer werdende Abweichung), die quer durch alle Motivationsarten gehen und zu aufsuchendem bzw. meidendem Verhalten führen.

Diese zehnte und letzte These bezieht sich nicht mehr auf menschliches Verhalten allgemein (wie die ersten 9 Thesen), sondern nur auf ein bestimmtes Motiv bzw. auf einen speziell mit der Leistungsmotivation zusammenhängenden Aspekt und ist hier nur noch der Vollständigkeit halber angeführt.

Neben solchen allgemeinen verhaltenstheoretischen Ansätzen sind eine nicht geringe Anzahl von spezielleren Ansätzen in der psychologischen und sozialpsychologischen Literatur zu verzeichnen, die sich zum großen Teil ohne allzugroße Mühe in den Wert-Erwartungs-theoretischen Ansatz einbauen lassen, wie z.B. die verschiedenen vor allem von Sozialpsychologen entwickelten *Konsistenztheorien* (die "Balance-Theorie" von *Fritz Heider* (1946 und 1958), die "Congruity-Theorie" von *Charles Osgood* und *Percy H. Tannenbaum* (1955) und die "Theorie der kognitiven Dissonanz" von *Leon Festinger* (1957), um nur einige der bekanntesten zu nennen), die alle davon ausgehen, daß (1) die Umwelt des Individuums im Individuum selbst in Form eines kognitiven Modelles repräsentiert ist und daß (2) die Richtung und die Intensität des Verhaltens determiniert ist durch die Richtung und die Größe der Diskrepanz zwischen einzelnen Elementen innerhalb eines kognitiven Systems (vgl. dazu z.B. die Thesen 8 und 9 bei *Heckhausen*); die *Adaptationsniveau-Theorie* von *Harry Helson* (1964), deren verhaltenstheoretische Grundaussagen in den Thesen 6 und 7 bei *Heckhausen* wiederkehren, oder die *Leistungsmotivations-Theorie* von *David C. McClelland* und *John W. Atkinson* [*David C. McClelland* und andere (1953), *John W. Atkinson* (1957, 1958 und 1966), sowie *John W. Atkinson* und *Norman T. Feather* (1966)], die mehr oder weniger explizit von dem Ansatz der Wert-Erwartungs-Theorie ausgehen, sich im übrigen aber beschränken auf die Analyse bestimmter Motivklassen, insbesondere des Leistungsmotives (vgl. hierzu auch die Ausführungen auf S.10.

Zu nennen sind in diesem Zusammenhang auch eine Reihe von Arbeiten aus dem Bereich der *physiologischen Psychologie,* das heißt, von physiologisch orientierten Psychologen bzw. von psychologisch orientierten Physiologen, die eine große Zahl interessanter, der Grundkonzeption der Wert-Erwartungs-Theorie verwandter Aspekte enthalten und geeignet sind, dem Wert-Erwartungs-theoretischen Ansatz neue und weiterführende Impulse zu geben. So z.B. die Arbeiten von *Donald O. Hebb* (1949 und 1955), in denen recht eindrucksvoll nachgewiesen wird, daß nicht (wie vor allem von den Vertretern der Trieb-Habit-Theorie sowie von vielen Wissenschaftlern aus dem Bereich der vergleichenden Verhaltenswissenschaften − Ethologie − oft angenommen wird) die Entstehung von Handlungen oder die Energiebeschaffung und -freisetzung, sondern die Steuerung des Verhaltens das zentrale Problem bei der Erklärung menschlichen Verhaltens ist (siehe hierzu auch die Ausführungen auf S. 21),und in noch stärkerem Maße die Arbeiten von *Karl H. Pribram (Karl H. Pribram,* 1959, 1960, 1963, 1966 und 1969, insbesondere die Bände 2 und 4, sowie *George A. Miller, Eugene Galanter* und *Karl H. Pribram,* 1960), der auf eine Reihe von interessanten Anhaltspunkten in der Beschaffenheit des Zentral-Nerven-Systems hinweist, die dafür sprechen, daß (1) die Umwelt im Individuum in Form von "cognitive maps" (vgl. dazu die Theorie von *Edward C. Tolman*) repräsentiert ist, daß es (2) Mechanismen im Zentral-Nerven-System gibt, die im Sinne homöostatischer Prinzipien das Verhalten des Individuums so steuern, daß eventuell vorhandene bzw. einen bestimmten Schwellenwert überschreitende Diskrepanzen zwischen "Ist-Werten" und "Soll-Werten" reduziert werden, daß (3) im Zentral-Nerven-System bestimmte "Schemata", Pläne oder Programme von "Handlungsfolgen" gespeichert sind, die bei Vorliegen einer bestimmten Diskrepanz zwischen Ist- und Soll-Werten ausgelöst werden und deren Funktion darin besteht, durch ein koordiniertes Ineinandergreifen von vielen verschiedenen Elementar-Handlungen eine Reduzierung der vorhandenen Diskrepanz zwischen Ist- und Soll-Werten herbeizuführen und daß (4) sowohl die "Soll-Werte" als auch die "Schemata" zwar auf der einen Seite über längere Zeiträume hinweg relativ konstant sind, jedoch auf der anderen Seite (unter anderem) durch "Erfahrungen aus der Vergangenheit" jederzeit verändert werden können und auch tatsächlich häufigen Veränderungen unterliegen.

In enger Beziehung zu diesen aus der physiologischen Psychologie stammenden Ansätzen steht eine Vielzahl von Arbeiten aus den Bereichen der *Systemtheorie* und der *Kybernetik,* in denen versucht wird, die Prinzipien des Regelkreises und des (offenen) Systems auf die Erklärung menschlichen Verhaltens allgemein und auf die Beschreibung der im Zentral-Nerven-System ablaufenden Prozesse im besonderen anzuwenden (vgl. z.B. *W. Ross Ashby,* 1960, *W.T. Powers* und andere, 1960, oder *Salomon Klaczko,* 1968). Auf all diese Arbeiten, die wie die Arbeiten aus dem Bereich der physiologischen Psychologie eine Reihe von sehr interessanten und für die Weiterentwicklung der bestehenden verhaltenstheoretischen Ansätze brauchbaren Aspekte enthalten, kann jedoch an dieser Stelle nicht weiter eingegangen werden.

Es kann hier nur noch einmal wiederholt werden, was zwar schon oft gesagt (aber nur sehr selten ausgeführt) wurde, nämlich daß die Aufrechterhaltung der zwischen den einzelnen Disziplinen (auch heute noch) bestehenden Trennlinien (bzw. genauer: die gegenseitige Ignorierung) wenig sinnvoll ist und daß ein genaueres Studium des jeweiligen Wissensstandes,insbesondere im Bereich der physiologischen Psychologie sowie der Systemtheorie und der Kybernetik (aber auch z.B. der Ethologie und der Ökologie), für die Weiterentwicklung allgemeiner Theorien zur Erklärung menschlichen (Entscheidungs-) Verhaltens sehr nützlich sein würde.

Die Ausführungen in diesem Abschnitt dürften weiter gezeigt haben, daß zwischen den im vorangegangenen Abschnitt dargestellten entscheidungs- und spieltheoretischen Ansätzen und den in diesem Abschnitt besprochenen motivations- und lernpsychologischen (insbesondere den von uns unter dem Namen "Wert-Erwartungs-Theorie" zusammengefaßten) Ansätzen zur Erklärung menschlichen (Entscheidungs-) Verhaltens trotz aller Differenzen in den Einzelheiten erhebliche Parallelen und Übereinstimmungen in der Grundkonzeption bestehen. So kehren z.B. die Grundhypothesen des SEU-Modelles (vgl. die Ausführungen S. 5-6) eindeutig in den theoretischen Ansätzen von *Lewin,* von *Tolman* und von *Heckhausen* wieder (bzw. genau genommen, umgekehrt), und die in den neueren entscheidungs- und spieltheoretischen Ansätzen unternommenen Versuche, bei der Analyse von Nutzenvorstellungen auch nicht-monetäre und nicht-ökonomische Güter zu berücksichtigen (vgl. S. 6) oder den Prozeß der Informationsverarbeitung im Individuum mit in die Analyse des Entscheidungsprozesses aufzunehmen (vgl. S. 9-11, aber auch 7-9), stehen in sachlich enger Beziehung zu entsprechenden Teilstücken der motivations- und lerntheoretischen (insbesondere der Wert-Erwartungs-theoretischen) Ansätze.

Trotz dieser angeführten Parallelen und der engen sachlichen Beziehungen zwischen den entscheidungs- und spieltheoretischen Ansätzen auf der einen Seite und den motivations- und lerntheoretischen Ansätzen auf der anderen Seite gibt es nur wenige Arbeiten, in denen versucht wird, diese beiden Ansätze bzw. Gruppen von Ansätzen aufeinander zu beziehen oder gar zu einem einheitlichen System zu integrieren. Einen der wenigen Versuche dieser Art unternahmen *Nathan Kogan* und *Michael A. Wallach* (1964). *Kogan* und *Wallach* führten eine Reihe von Untersuchungen in der Art der im Bereich der Entscheidungs- und Spieltheorie üblichen Experimente durch und kontrollierten zusätzlich verschiedene, auf Grund theoretischer Überlegungen als relevant erachtete "psychologische Variablen (einige "Persönlichkeitsmerkmale" wie: Defensivhaltung, Angst, Selbstvertrauen, Unabhängigkeit, Rigidität und Impulsivität; einige Skalen zur Messung bestimmter Eigenarten in der kognitiven Beurteilung von Situationen, sowie einige "intellektuelle Fähigkeiten"). *Kogan* und *Wallach* kamen dabei zu dem Ergebnis, daß das Verhalten der Individuen in Entscheidungssituationen sehr stark durch die von ihnen zusätzlich untersuchten "psychologischen" Variablen, insbesondere durch die Variablen Defensivhaltung und Angst sowie durch das Geschlecht (hinter der Variablen Geschlecht vermuten die Autoren dabei die Auswirkungen bestimmter sozialer Verhaltensnormen) beeinflußt wird. Bei künftigen Untersuchungen über das Verhalten von Individuen in Entscheidungssituationen ist daher die Berücksichtigung solcher "psychologischer" Variablen sehr wichtig. Ähnliche Überlegungen und Ergebnisse wie bei *Kogan* und *Wallach* finden sich auch bei *Frank Restle* (1961) und *Urs. H. Hedinger* (1969; vgl. dazu auch *Langenheder* 1973, S. 75-78).

1.3   Sozialpsychologisch-soziologische Ansätze

Auch im Bereich der Soziologie reichen die Versuche, umfassende theoretische Systeme zur Erklärung menschlichen (sozialen) Verhaltens zu entwickeln, zurück bis in die Zeit der ersten Anfänge der Soziologie als einer systematischen Wissenschaft. Man kann sogar sagen, daß die frühen soziologischen Arbeiten zu einem überwiegenden Teil Versuche darstellten, umfassende theoretische Systeme zur Erklärung sozialer Phänomene aufzustellen. Da diese Versuche jedoch mehr oder weniger spekulativer Natur waren oder zumindest nur in sehr unsystematischer Weise (wenn überhaupt) einer empirischen Überprüfung unterzogen wurden, soll auf diese Ansätze hier nicht eingegangen werden.[17]

Die Entwicklung von allgemeinen soziologischen Verhaltenstheorien, die einen systematischen Bezug zur Empirie haben, sind noch sehr jungen Datums. Charakteristisch für die theoretischen Diskussionen im Bereich der Soziologie ist dabei das unklare und zum Teil recht widerspruchsvolle Verhältnis zur Psychologie. Dieses widerspruchsvolle Verhältnis ergibt sich vor allem daraus, daß viele Soziologen zwar auf der einen Seite behaupten, die Soziologie sei eine "selbständige", von der Psychologie unabhängige Wissenschaft und soziologische Phänomene ließen sich daher nicht mit Hilfe psychologischer, sondern ausschließlich mit Hilfe soziologischer Theorien erklären[18], daß die gleichen Soziologen jedoch auf der anderen Seite, wenn sie versuchen, bestimmte gefundene Zusammenhänge zwischen "soziologischen" Variablen zu erklären, sehr häufig doch auf "psychologische" Variablen zurückgreifen (vgl. hierzu auch *George C. Homans*, 1964).

Eine solche Haltung hat den unseres Erachtens sehr gravierenden Nachteil, daß sie sehr leicht dazu führt, implizite "psychologische" Theorien zu verwenden, ohne dabei vorher zu prüfen, ob diese implizit verwandten psychologischen Theorien oder Theoriefragmente sich nicht etwa schon auf Grund des jeweiligen Kenntnisstandes in der Psychologie als falsch bzw. als nur unter ganz bestimmten Bedingungen zutreffend erwiesen haben.

Diese Überlegungen stehen in einem engen Zusammenhang mit dem in letzter Zeit z.T. heftig diskutierten Problem der Reduktion soziologischer Theorien auf psychologische Theorien bzw. allgemein dem Problem der Reduktion von Soziologie auf Psychologie.[19] Es kann hier jedoch nicht im einzelnen auf diese Diskussion, die z.T. stark mit ideologischen Momenten durchsetzt und von erheblichen Mißverständnissen nicht ganz frei ist, eingegangen werden.

Der hier vertretene Standpunkt läßt sich etwa folgendermaßen kurz skizzieren:
(1) Das Problem, ob soziologische Theorien auf psychologische Theorien reduziert werden können (bzw. ob Soziologie auf Psychologie reduzierbar ist), das heißt, ob sich soziologische Theorien (ausschließlich) mit Hilfe psychologischer Theorien erklären lassen, ist falsch gestellt. Die Frage kann nur lauten, ob sich eine bestimmte soziologische Theorie auf eine bestimmte psychologische Theorie reduzieren läßt, das heißt, ob eine bestimmte soziologische Theorie aus einer bestimmten psychologischen Theorie logisch ableitbar (erklärbar) ist.
(2) Wenn ein solcher Versuch, eine bestimmte soziologische Theorie aus einer bestimmten psychologischen Theorie logisch abzuleiten, unternommen werden sollte, dürften sich (zumindest bei dem gegenwärtigen Stand der Theoriebildung in der Soziologie und in der Psychologie) wohl ohne Zweifel einige logische Unvereinbarkeiten, auf jeden Fall aber einige Lücken und Ungenauigkeiten in den beiden theo-

retischen Systemen ergeben, so daß eine eindeutige Ableitung ohne vorherige Präzisierung oder auch Modifizierung der ursprünglichen Fassungen der beiden theoretischen Systeme nicht möglich sein wird.[20]

Gerade diese bei einem Versuch der logischen Ableitung einer soziologischen Theorie auf eine psychologische Theorie sehr wahrscheinlich erforderliche Präzisierung und Modifizierung der beiden theoretischen Systeme würde jedoch in erheblichem Maße zum wissenschaftlichen Fortschritt im Bereich der soziologischen und psychologischen Theoriebildung beitragen. Aus diesem Grunde halten wir auch Versuche, soziologische Theorien mit Hilfe von psychologischen Theorien zu erklären, für sehr nützlich und daher für wünschenswert.

(3) Da jedes soziale Phänomen in irgendeiner Weise Handlungen von Individuen impliziert und somit jede soziologische Theorie Aspekte berührt, die sich auf das Verhalten von Individuen beziehen bzw. durch das Verhalten von Individuen beeinflußt werden, müssen zumindest bestimmte Teilstücke der soziologischen Theorie (eben jene, die sich direkt oder indirekt auf das Verhalten von Individuen beziehen) aus entsprechenden (gesicherten) psychologischen Theorien ableitbar sein; auf keinen Fall aber dürfen — und das ist entscheidend — soziologische Theorien Aussagen enthalten, die mit (gesicherten) psychologischen Theorien in logischem Widerspruch stehen. Die unter Punkt (2) als erwünscht und nützlich bezeichneten Versuche der logischen Ableitung oder allgemein der logischen Verknüpfung von soziologischen und psychologischen Theorien ist also in gewisser Weise sogar stets notwendig.

(4) Es kann (und wird auch) kaum bestritten werden, daß die Struktur und Beschaffenheit des sozialen Interaktionsgefüges, in dem die handelnden Individuen sich befinden, sowie der Standort der handelnden Individuen innerhalb dieses Interaktionsgefüges in erheblichem Maße das Verhalten der Individuen mitbestimmt. Zur Erklärung sozialer Phänomene (allerdings eben auch zur Erklärung individuellen Verhaltens) reichen daher individuelle (psychologische) Merkmale und Variablen nicht aus, sondern es müssen auch (in gleichem Maße) die Merkmale und Variablen des sozialen Systems mit berücksichtigt werden.

(5) Die unter Punkt (1) bis (4) angeführten Argumente legen den Schluß nahe, daß die Beziehungen zwischen soziologischen und psychologischen Theorien so eng sind, daß man sinnvollerweise kaum von zwei verschiedenen (auf keinen Fall aber von zwei voneinander unabhängigen) theoretischen Systemen sprechen kann, daß es vielmehr günstiger ist, den Gesamtkomplex als ein theoretisches System mit entsprechenden soziologischen und psychologischen Teilstücken zu betrachten bzw. auf die Entwicklung eines solchen theoretischen Systems hinzuarbeiten.

Es liegen nun aus jüngster Zeit einige theoretische Ansätze vor, in denen versucht wird, sowohl einen systematischen Bezug zur Empirie herzustellen, als auch die "psychologischen" Komponenten explizit in das theoretische Konzept aufzunehmen. Zu nennen sind in diesem Zusammenhang vor allem die Arbeiten von *Talcott Parsons* und *Edward A. Shils,* von *George C. Homans* und von *Peter M. Blau.*

Die Arbeit von *Talcott Parsons* (und *Edward A. Shils*) stellt dabei einen der intensivsten und umfassendsten Versuche dar, die Beziehungen zwischen dem "kulturellen", dem "sozialen" und dem "personalen" System herauszuarbeiten.

Da dieser Ansatz jedoch im wesentlichen auf der Ebene der "reinen" Begriffsanalyse stehen bleibt und nur sehr sporadische, wenig systematische, häufig nur beispielhaft gemeinte und nicht immer eindeutig zu interpretierende Hypothesen über die (empirischen) Beziehungen zwischen den einzelnen Variablen enthält, ist er für unsere Fragestellung nur von begrenztem Nutzen und wir wollen uns daher hier auf eine ganz kurze Skizzierung einiger in unserem Zusammenhang interessanter Aspekte beschränken. Diese Aspekte sind: (1) Aussagen über die Beziehung zwischen Soziologie und Psychologie, das heißt, zwischen sozialen Phänomenen und individuellen Merkmalen und Verhaltensweisen und (2) die zentralen Variablen der "General Theory of Action".

(1) Wie eng in dem Theorien- bzw. Begriffssystem von *Talcott Parsons* die *Beziehung zwischen Soziologie und Psychologie* ist, geht bereits aus den Ausführungen in der allgemeinen Einleitung zu "Towards a General Theory of Action" sehr klar hervor, in der das dort dargestellte theoretische System[21] charakterisiert wird als "a formulation of certain fundamental categories which will have to enter into the formulation of this general theory, which for many years has been developing through the convergence of anthropological studies of culture, the theory of learning, the psychoanalytic theory of personality, economic theory, and the study of modern social structure" (*Talcott Parsons* und *Edward A. Shils*, 1951, S. 3-4).

Die enge Beziehung zwischen soziologischer und psychologischer Theoriebildung kommt weiterhin darin zum Ausdruck, daß zwar auf der einen Seite unterschieden wird zwischen dem biologischen System, dem Persönlichkeitssystem, dem sozialen System und dem kulturellen System, daß aber auf der anderen Seite nach dem theoretischen Ansatz von *Parsons* (a) allen Systemen das Handeln von Individuen als Bezugspunkt zugrunde liegt: "In the theory of action the point of reference of all terms is the action of an individual actor or a collectivity of actors" (*Talcott Parsons* und *Edward A. Shils*, 1951, S. 4), (b) das gleiche theoretische bzw. begriffliche System in gleicher Weise für alle Handlungssysteme (das biologische System, das Persönlichkeitssystem, das soziale System und das kulturelle System) gilt: "The frame of reference of the theory of action applies in principle to any segment of the total round of action or to any process of action of any complex organism" (*Talcott Parsons* und *Edward A. Shils*, 1951, S. 6), (c) eine enge Wechselbeziehung zwischen den einzelnen Handlungssystemen, insbesondere dem Persönlichkeitssystem und dem sozialen System, besteht: "The social system is, to be sure, made up of the relationships of individuals. ... Personality and social system are very intimately interrelated, but they are neither identical with one another nor explicable by one another[22]. ... Concrete systems of action — that is personalities and social systems — have psychological social and cultural aspects." (*Talcott Parsons* und *Edward A. Shils*, 1951, S. 7).

(2) Die *zentralen Variablen* der "General Theory of Action" sind:
(a) der *Akteur,* das ist das Individuum oder Kollektiv, dessen Handeln untersucht bzw. erklärt werden soll;
(b) die *Handlungssituation,* das ist die Umwelt des Akteurs, so wie sie von dem Akteur wahrgenommen wird bzw. der Teil der Umwelt, der eine Bedeutung für den Akteur hat[23] (die Handlungssituation ist dabei zu unterteilen in die Klasse der sozialen Objekte — Individuen und Kollektive — und die Klasse der nichtsozialen Objekte — physikalische und kulturelle Objekte —);
(c) die *Orientierung des Akteurs* zu der Situation (= Handlungsorientierung), das ist die Gesamtheit der Vorstellungen, Pläne, affektiven Besetzungen und relevanten Standards, die der Akteur mit der Situation verbindet. Diese Handlungsorientierung ist zu unterteilen in zwei analytisch unabhängige Dimensionen.

Die erste dieser beiden Dimensionen ist die *motivationale Orientierung,* die sich bezieht auf jene Aspekte der Handlungsorientierung, die die tatsächlichen oder potentiellen Gratifikationen bzw. Deprivationen der Bedürfnisse des Akteurs betreffen. Die motivationale Orientierung umfaßt den Prozeß der *kognitiven Beurteilung* der Situation in bezug auf das Bedürfnissystem des Individuums (die Beurteilung des Umfanges, in dem die einzelnen Objekte der Situation zur Reduzierung der Bedürfnisse des Akteurs beitragen können), die *affektive Besetzung* der einzelnen Objekte (die Einstufung der verschiedenen Objekte als mehr oder weniger erwünscht bzw. unerwünscht), sowie den Prozeß der *Verteilung von Energien* auf die verschiedenen Handlungen mit dem Ziel einer optimalen Gratifikation (= die Entscheidung für bestimmte Handlungsfolgen).

Die zweite dieser beiden Dimensionen ist die *Wertorientierung,* die sich bezieht auf jene Aspekte der Handlungsorientierung, die den Akteur in Entscheidungssituationen veranlassen, bestimmte Normen, Standards und Auswahlkriterien zu beachten. Das heißt, wann immer der Akteur eine Entscheidung zu treffen hat, wird seine Wertorientierung ihn zu der Einhaltung bestimmter Normen veranlassen und ihn damit bei seiner Wahl zwischen den zur Verfügung stehenden Alternativen leiten. Die Wertorientierung umfaßt Standards, die die Gültigkeit kognitiver Urteile betreffen (Beurteilung der Gültigkeit und Zuverlässigkeit von Daten und Informationsquellen, Beurteilung der Bedeutung bestimmter Probleme etc.), Standards, die die Angemessenheit bestimmter Objekte für die Bedürfnisbefriedigung festlegen, und Standards, die den Akteur veranlassen, die Folgen seiner Handlungen (für sich selbst wie auch für das soziale System) in bestimmter Weise zu berücksichtigen.

Die Verwandtschaft dieses soeben kurz skizzierten Ansatzes von *Talcott Parsons* mit den Ansätzen von *Lewin* und *Tolman* ist so offensichtlich, daß es sich erübrigt, hier im einzelnen die Parallelen zu ziehen.

Dieser Ansatz von *Talcott Parsons* hat jedoch den bereits erwähnten Nachteil, daß er im wesentlichen auf der Ebene der "reinen" Begriffsanalyse stehen bleibt und nur einige wenige Hypothesen über die (empirischen) Beziehungen zwischen den einzelnen Variablen enthält, die darüber hinaus kaum in einer systematischen Weise logisch miteinander verknüpft sind. Über eine solche "reine" Begriffsanalyse hinaus geht der theoretische Ansatz von *George C. Homans,* der den Versuch unternimmt, die Erkenntnisse aus der behavioristischen Lerntheorie (wobei sich *Homans* vor allem auf die Arbeiten von *Burrhus F. Skinner* stützt) und aus der ökonomischen Theorie des Marktverhaltens (der Theorie von Angebot und Nachfrage bzw. der Theorie des Güteraustausches) zu einer Theorie des "elementaren sozialen Verhaltens" bzw. einer Theorie der "fundamentalen sozialen Prozesse"[24] zusammenzufassen.

Homans geht von der Annahme aus, daß soziales Verhalten aufzufassen ist als ein "Austausch von Aktivitäten, sichtbar (tangible) oder unsichtbar und mehr oder weniger belohnend oder mit Kosten verbunden, zwischen mindestens zwei Personen" (*George C. Homans,* 1961, S. 13), oder kürzer und präziser: Die Grundeinheiten sozialen Verhaltens sind die Handlungen von Individuen, und die Handlungen von Individuen sind eine Funktion ihrer "payoffs" (*George C. Homans,* 1967, S. 31).

Als Begründung dafür, daß es sinnvoll ist, von einer solchen Grundannahme auszugehen, verweist *Homans* darauf, daß zum einen die Menschen im täglichen Leben ihr Verhalten stets mit Hinweisen darauf erklären, was ihnen das Verhalten einbringt und was es sie kostet, und daß zum anderen sowohl in der behavioristischen Lerntheorie als auch in der allgemeinen ökonomischen Theorie menschliches Verhalten als eine Funktion seines Ertrages angesehen wird und somit nach Art und Umfang abhängt von der Art und dem Umfang der Belohnungen bzw. Bestrafungen (Kosten), die es erbringt (vgl. *George C. Homans,* 1961, S. 13).

Die *zentralen Variablen* der *Homans*schen Theorie sind: (1) die Häufigkeit (bzw. Wahrscheinlichkeit) der Ausführung bestimmter Aktivitäten, (2) die Häufigkeit des Empfanges bestimmter Belohnungen (bzw. Bestrafungen) für bestimmte Aktivitäten in der Vergangenheit, (3) der Wert einer für eine bestimmte Handlung empfangenen Belohnungs- oder Bestrafungseinheit (= Belohnungs- bzw. Bestrafungswert), (4) die Kosten, die bei der Ausführung einer Aktivität dadurch entstehen, daß auf die durch alternative Aktivitäten möglichen Belohnungen verzichtet werden muß (identisch mit dem Begriff "entgangener Nutzen" in der ökonomischen Theorie)[25] und (5) der Grad der Ähnlichkeit gegenwärtiger Stimulussituationen mit bestimmten Stimulussituationen in der Vergangenheit.[26]

Im einzelnen stellt nun *Homans* folgende *Hypothesen* auf:[27]

Hypothese 1 (Erfolgshypothese): Je häufiger die Handlung einer Person belohnt wird, um so wahrscheinlicher wird die Person die Handlung ausführen.

Hypothese 2 (Stimulushypothese): Wenn in der Vergangenheit bei dem Auftreten eines bestimmten Stimulus oder einer Menge von Stimuli die Handlung einer Person belohnt wurde, dann wird die Person diese oder eine ähnliche Handlung um so wahrscheinlicher ausführen, je ähnlicher die gegenwärtige Stimulussituation der vergangenen Stimulussituation ist.

Hypothese 3 (Werthypothese): Je wertvoller die Belohnung einer Handlung für eine Person ist, um so wahrscheinlicher wird die Person die Handlung ausführen.

Hypothese 4 (Deprivations-Sättigungshypothese): Je häufiger eine Person in der jüngsten Vergangenheit eine bestimmte Belohnung erhalten hat, um so weniger wertvoll wird jede weitere Einheit dieser Belohnung für die Person.

In dem erläuternden Text zu diesen Hypothesen weist *Homans* darauf hin, daß diese Hypothesen (1) nur annäherungsweise zutreffen (approximately true), daß sie (2) nur in (gleichzeitiger) Verbindung miteinander zutreffen (hold true simultaneously) und daß sie (3) das äußerste Minimum darstellen, das zur Erklärung einfacher Formen sozialen Verhaltens erforderlich ist.

Die enge Verwandtschaft zwischen der *Homans*schen Theorie und den verhaltens- und motivations-theoretischen Ansätzen in der Psychologie sowie den entscheidungstheoretischen Ansätzen ist offensichtlich und wird auch von *Homans* selbst explizit betont. In der Arbeit von 1962 z.B. (*George C. Homans,* 1962, S. 114 und S. 115) sagt *Homans,* daß seine Theorie auf den Gesetzen der behavioristischen Lerntheorie, insbesondere auf dem Werk von *Burrhus F. Skinner* (1953) fußt und daß die Erfolgshypothese in Verbindung mit der Werthypothese übereinstimmen mit einer der Grundhypothesen der Entscheidungstheorie, wonach ein Individuum, wenn es zwischen zwei oder mehreren verschiedenen Handlungsmöglichkeiten zu wählen hat, erwägt (1) mit welcher Wahrscheinlichkeit die einzelnen Handlungen zu der Erreichung eines bestimmten Ergebnisses führen werden (= Erfolgshypothese) und (2) wieviel dieses Ergebnis dem Individuum wert wäre, falls es erreicht würde (= Werthypothese) und wonach das Individuum dann diejenige Handlung wählt, für die das Produkt aus Erfolgswahrscheinlichkeit und Wert des Ergebnisses am höchsten ist.

In diesen Bemerkungen deuten sich bereits einige unseres Erachtens gravierende Schwächen des *Homans*schen Ansatzes an. Diese Schwächen resultieren zum einen aus der (wie uns scheint) unreflektierten Bezugnahme auf eine ganz bestimmte Richtung innerhalb der psychologischen Verhaltens- und Lerntheorie, nämlich der behavioristischen Theorie (bzw. nach der Klassifikation von *Atkinson* der "Trieb-Habit-Theorie"), und zum anderen daraus, daß in den Erläuterungen zu den Hypothesen nicht selten Aussagen gemacht werden, die den Anschein erwecken, in den explizit angeführten 4 (bzw. 5) Grundhypothesen enthalten zu sein, in Wirklichkeit aber aus den Grundhypothesen nicht ableitbar sind.

Ganz getreu der Tradition der Vertreter der "Trieb-Habit-Theorie" enthalten die Hypothesen von *Homans* zwar nur solche Variablen, die "objektiv" aus dem Verhalten der Person oder aus der Beschaffenheit der vergangenen und gegenwärtigen Situationen ableitbar sind[28], in den Erläuterungen zu diesen Hypothesen erhalten die Begriffe und damit auch die Hypothesen jedoch unter der Hand einen Bedeutungswandel, und zwar ganz eindeutig in Richtung auf die in der "Wert-Erwartungs-Theorie" enthaltenen (und von Vertretern der Trieb-Habit-Theorie verachteten) theoretischen Konstrukte. Die oben angeführte Uminterpretation der in der Erfolgshypothese enthaltenen Variable "Häufigkeit der Belohnung einer Handlung" in "Erwartung der Erfolgswahrscheinlichkeit einer Handlung" ist ein Beispiel für solche impliziten Bedeutungsänderungen.

Daß in den Erläuterungen zu den Grundhypothesen sowie bei der Anwendung der Grundhypothesen zur Erklärung sozialer Phänomene oft eine Reihe von Zusatzannahmen gemacht werden (die jedoch als solche in der Regel nicht explizit ausgewiesen werden) bedeutet, daß die *Homans*sche Theorie bislang noch sehr unvollkommen, weil nicht explizit ausgearbeitet und formuliert ist, und daher eine Beurteilung der Leistungsfähigkeit dieser Theorie — wenn sie vollständiger, expliziter und präziser formuliert wäre — derzeit kaum möglich ist. Ein Beispiel für die (implizite) Einfügung von Zusatzannahmen ist die oben angeführte Aussage, daß das Individuum in einer Entscheidungssituation die Handlung ausführen wird, für die das Produkt aus Erfolgswahrscheinlichkeit und Belohnungswert des Ergebnisses am höchsten ist; denn eine solche Aussage folgt nicht allein aus der Erfolgshypothese in Verbindung mit der Werthypothese.

Auf zwei wichtige Punkte soll zum Schluß noch hingewiesen werden: (1) Es ist *Homans* gelungen, nachzuweisen, daß es möglich ist, mit Hilfe seiner "psychologischen" (das heißt, auf die Erklärung individuellen Verhaltens abgestellten) Hypothesen das Verhalten von Kleingruppen und die Entstehung und Fortdauer sozialer Strukturen und Interaktionsmuster zu erklären (vgl. dazu insbesondere *George C. Homans*, 1961, Kap. 17 und 18, S. 359-398 und 1967, S. 41-77). (2) Es ist möglich, (insbesondere) mit Hilfe der Stimulushypothese das Verhalten einer großen Zahl von Personen (innerhalb gewisser Fehlergrenzen) vorauszusagen, ohne für jede einzelne Person die Untersuchung einer langen und komplexen Lebensgeschichte vornehmen zu müssen. Wenn diese Personen nämlich in bestimmten Merkmalen anderen Personen, deren Verhalten wir kennen, gleichen, dann kann auf Grund der Stimulushypothese aus der Annahme, daß diese Personen (im Vergleich zu anderen Personenkategorien) im Laufe des Lebens ähnlichen Erfahrungen ausgesetzt waren, geschlossen werden, daß sie sich in ähnlichen Situationen ähnlich verhalten werden.

Ähnlich wie *Homans* geht auch *Peter M. Blau* (1964) bei seinem Versuch, die Struktur sozialer Beziehungen und Organisationen (the structure of social associations) zu erklären, explizit von einer individual-psychologischen Konzeption aus. Die Kernfrage, die der Arbeit von *Blau* zugrunde liegt, ist nach seinen eigenen Worten: "Wie entwickelt sich das soziale Leben zu immer komplexeren Strukturen von Beziehungen zwischen den Menschen? " (How social life becomes organized into increasingly complex structures of associations among men, *Peter M. Blau*, 1964, S. 2). Sein Ziel ist es, die sozialen Prozesse, die die komplexen Strukturen von Gemeinschaften und Gesellschaften (communities und societies) bestimmen, abzuleiten aus den einfacheren Prozessen, die den täglichen Umgang und die persönlichen Beziehungen zwischen Individuen durchdringen.

Im Gegensatz zu *Homans* hat *Blau* jedoch seine Grundhypothesen nicht explizit formuliert, wie überhaupt die ganze Arbeit mehr einer Ansammlung lose verbundener Gedankengänge und unscharf formulierter Hypothesen mit hohem Plausibilitätsgrad als einem klaren theoretischen System gleicht. *Blau* geht aus von der Annahme, daß sich alle sozialen Beziehungen ergeben aus dem Grundprinzip des sozialen Austausches (social exchange), das seinerseits auf grundlegende psychologische Prozesse aufbaut. Das heißt: das Verhalten eines jeden Individuums ist abhängig von den Belohnungen (oder dem "pay-off"), die es einbringt, und jede soziale Beziehung ist das gemeinsame Produkt (joined product) der Handlungen zweier Individuen, wobei die Handlungen jedes der beiden Individuen ihrerseits von den Handlungen des jeweils anderen Individuums abhängen (*Peter M. Blau*, 1964, S. 4, S. 19 und S. 45-46). Nicht einbezogen in seine "Theorie" ist dabei das Verhalten, "das aus dem irrationalen Druck emotionaler Antriebe resultiert und nicht zielgerichtet ist" (*Peter M. Blau*, 1964, S. 5).

Mit Hilfe dieses (recht unpräzisen) Grundaxioms versucht *Blau* die verschiedenen "Formen der Vergesellschaftung" zu erklären; allerdings nicht in Form einer sauberen logischen Ableitung, sondern mehr in Form von lose verbundenen Gedankengängen mit zahlreichen eingeschobenen Zusatzannahmen.

So führt *Blau* zunächst eine Art von Grundmotiv ein, von dem er annimmt, daß es bei allen Menschen in mehr oder weniger starkem Ausmaße vorhanden ist und das er "soziale Anziehung" (social attraction) nennt. Die soziale Anziehung ist nach *Blau* "diejenige Kraft, die die Menschen dazu bringt, aus eigenem Antrieb soziale Beziehungen herzustellen und den Bereich dieser Beziehungen zu erweitern, wenn sie einmal errichtet sind" (*Peter M. Blau,* 1964, S. 20), und sie beruht darauf, daß das Zusammensein mit (bestimmten) anderen Menschen sowohl in sich selbst belohnend ist (nicht nur was man gemeinsam tut, sondern auch daß man es gemeinsam tut, wird als Belohnung empfunden) als auch als Mittel zur Erreichung anderer Ziele belohnend wirkt. Mit anderen Worten, Individuen gehen soziale Bindungen miteinander ein, weil sie alle davon profitieren.

Um nun ein System von sozialen Bindungen aufzubauen, muß ein Individuum sich zunächst "attraktiv" machen, das heißt, es muß ihm gelingen, bei entsprechenden anderen Individuen die Erwartung zu erzeugen, daß die Aufnahme von sozialen Beziehungen zu ihm für die anderen Individuen belohnend sein wird. Damit führt der Prozeß der sozialen Anziehung zu einem Prozeß des sozialen Austausches, und die Ergebnisse dieses Prozesses des sozialen Austausches bilden die Grundlage für alle weiteren und komplexeren Formen der Vergesellschaftung.

Soziale Integration entsteht dadurch bzw. dann, wenn die gegenseitigen Beziehungen zwischen den Mitgliedern eines sozialen Systems alle oder doch zumindest zum überwiegenden Teil Belohnungen erbringen, wobei die Mechanismen der gegenseitigen sozialen Anerkennung und Unterstützung (social approval and support) sowie der ständige Austausch von Leistungen und Gegenleistungen eine große Rolle spielen. Unterschiedliche Macht- und Prestigeverhältnisse entstehen dadurch, daß die einzelnen Individuen in unterschiedlichem Maße in der Lage sind, die durch die sozialen Beziehungen von anderen Individuen erhaltenen Belohnungen zu erwidern. Es bildet sich ein System von Normen, nach dem relativ genau festgelegt ist, was jemand für eine bestimmte empfangene Leistung erwidern muß. Wenn der "Empfänger" nicht in "Gütern" oder "Dienstleistungen" bezahlen kann, dann wird von ihm erwartet, daß er sich dem anderen dankbar erweist, ihm Respekt und Anerkennung (Sozialprestige) entgegenbringt oder sich ihm unterordnet.[29] Autorität und legitime Herrschaft entsteht, wenn die Aktivitäten und Machtansprüche der in Herrschaftspositionen befindlichen Individuen (oder Gruppen) mit den Normen eines "gerechten Austausches von Leistung und Gegenleistung" übereinstimmen und daher von einer entsprechenden Mehrheit der Mitglieder des sozialen Systems unterstützt werden; Opposition und Auflehnung gegen die Herrschaftsansprüche von Individuen und Gruppen sowie Desintegration des sozialen Systems dagegen entstehen, wenn die Herrschenden "ungerechtfertigte" Forderungen stellen und eine größere Zahl von Mitgliedern des sozialen Systems keine Belohnungen aus den bestehenden sozialen Beziehungen erhalten.

Es werden von *Blau* noch eine Reihe von Beispielen angeführt (so z.B. insbesondere in Kap. 7, S. 168-198), wie sich spezifische Hypothesen aus seiner Theorie ableiten lassen. Darauf kann jedoch hier nicht weiter eingegangen werden.

Das Positive an der Arbeit von *Peter M. Blau* ist unseres Erachtens, daß er versucht, die aus der Psychologie und der Kleingruppenforschung (vor allem auch von *George C. Homans*) entlehnten theoretischen Ansätze zur Erklärung individuellen Verhaltens auf komplexe soziale Gesamtsysteme anzuwenden. Die Schwäche der Arbeit dagegen liegt vor allem darin, daß *Blau* sein theoretisches System nicht explizit und präzise formuliert und daher eine Beurteilung der Leistungsfähigkeit der Theorie von *Blau* kaum möglich ist.

Außer diesen drei bekanntesten und am häufigsten zitierten allgemeinen theoretischen Ansätzen in der Soziologie gibt es aus jüngerer Zeit noch einige weitere Versuche, allgemeine theoretische Konzepte zur Erklärung sozialer Phänomene zu entwickeln, die jedoch an dieser Stelle nicht alle im einzelnen beschrieben werden können. Hingewiesen sei z.B. auf die "project-" oder "anticipations-"Theorie von *Jiri Nehnevajsa* (1960 und 1963), in der versucht wird, das Verhalten von politischen Einheiten (Parteien, Regierungen), die Entstehung von (ideologischen) Konflikten zwischen politischen Einheiten (Nationen), sowie Entstehung und Ablauf des sozialen Wandels mit Hilfe eines (leicht modifizierten) entscheidungstheoretischen Ansatzes zu erklären. Eine formalisierte und damit recht präzise Version dieses theoretischen Modelles wurde von *Aldo C. Scafati* (1965) geliefert. Ein ähnlicher Ansatz, in dem ebenfalls versucht wird, das Verhalten von politischen Einheiten und sozialen Subsystemen sowie die Entstehung und den Ablauf sozialen Wandels zu erklären, stammt von *George K. Zollschan* und *Robert Perucci* (1964). *Zollschan* und *Perucci* stützen sich dabei vor allem auf den feldtheoretischen Ansatz von *Kurt Lewin*. Ein interessanter, in keinem der übrigen Ansätze enthaltenen Aspekt findet sich bei *Hans L. Zetterberg* (1962). *Zetterberg* geht davon aus, daß jeder Mensch nur über eine begrenzte Menge an Zeit und Energie verfügt[30] und daß sich daraus eine Reihe von Implikationen für sein (soziales) Verhalten vor allem im Umgang mit anderen Menschen ergeben. Die Grundgedanken der *Zetterberg*schen Theorieskizze (um mehr handelt es sich dabei nicht) sind in insgesamt 5 Haupt- und einigen Neben-Hypothesen zusammengefaßt. Ein weiterer Versuch, bestimmte psychologische Ansätze zur Erklärung sozialer Phänomene heranzuziehen, wurde vor kurzem von *Hans J. Hummell* (1969) unternommen. *Hummell* versucht zunächst, die kognitiven Konsistenztheorien zu einer allgemeinen Theorie des Gleichgewichtes kognitiver Strukturen zu integrieren und stellt dann einige erste Überlegungen an, wie diese Gleichgewichtstheorie die Grundlage für eine Interaktionstheorie bilden könnte. Ein Ansatz, nach dem soziales Verhalten ganz im Sinne der Wert-Erwartungs-Theorie (ohne allerdings explizit auf diese Bezug zu nehmen) zu erklären versucht wird, stammt von *Karl-Dieter Opp* (1970). Nach dem Ansatz von *Opp* wird das (soziale) Verhalten von Individuen bestimmt durch die Intensität der Ziele, durch die Intensität der Mittelvorstellungen (= Zwischenziele, die nach Auffassung des Individuums zur Erreichung des Zieles beitragen) sowie durch die Wirksamkeit von Informationen und Objekten (= subjektive Wahrscheinlichkeit, mit der bestimmte Zwischenziele und Objekte zur Erreichung des (End-) Zieles beitragen). Unter Verwendung dieser Grundvariablen stellt *Opp* insgesamt vier Hypothesen zur Erklärung sozialen Verhaltens auf, mit deren Hilfe er dann anschließend eine Reihe von sozialen Phänomenen recht erfolgreich zu erklären versucht.

Nach diesem (keineswegs vollständigen) Überblick über allgemeine theoretische Ansätze zur Erklärung menschlichen Verhaltens in den verschiedenen sozialwissenschaftlichen Disziplinen und einigen ihrer Nachbardisziplinen soll nun im nächsten Abschnitt versucht werden, die in den verschiedenen allgemeinen theoretischen Ansätzen enthaltenen und (unter verschiedenen Namen) häufig wiederkehrenden Grundgedanken zu einem in sich möglichst geschlossenen theoretischen Gesamtkonzept zusammenzufassen. Daß dieses Vorhaben nicht auf Anhieb vollkommen gelingen wird, sondern eben nur ein erster, vorläufiger und zweifellos mit vielen Mängeln behafteter Versuch sein wird, an dem noch viele Korrekturen und Ergänzungen vorzunehmen sind, braucht dabei wohl kaum besonders betont zu werden.

2. Versuch einer Synthese der theoretischen Ansätze zur Erklärung menschlicher Entscheidungshandlungen

Das im folgenden darzustellende theoretische Modell erhebt nicht den Anspruch, die gesamte Breite und alle Formen menschlichen Verhaltens zu umfassen, sondern soll sich auf die Erklärung menschlicher Entscheidungshandlungen[31] beschränken. Aus diesem Grunde erscheint es zunächst notwendig, den Begriff "Entscheidungshandlung" möglichst genau zu definieren, das heißt, möglichst genau anzugeben, welche Teilmenge aus der Gesamtheit menschlicher Verhaltensweisen wir unter dem Begriff "Entscheidungshandlung" zusammenfassen und vor allem, welche Verhaltensweisen wir nicht als "Entscheidungshandlungen" bezeichnen wollen.

2.1 Die Definition des Begriffes "Entscheidungshandlung" als Teilmenge menschlichen Verhaltens allgemein: der Anwendungsbereich der Theorie

Der Versuch, den Begriff "Entscheidungshandlung" möglichst präzise zu definieren, enthält, wie sich zeigen wird, eine Reihe von zur Zeit kaum lösbaren Schwierigkeiten[32]. Wir werden uns daher darauf beschränken müssen, einen vorläufigen und in mancher Hinsicht noch sehr unvollkommenen Vorschlag anzubieten, von dem wir jedoch hoffen, daß er (1) eine ausreichende Arbeitsgrundlage für die Entwicklung und Darstellung unseres theoretischen Modelles bildet und (2) genügend Ansatzpunkte und Möglichkeiten für künftige Verbesserungen enthält.

2.1.1 *Definition von menschlichem Verhalten allgemein*

Wenn wir Entscheidungshandlungen als eine Teilmenge aus der Gesamtheit menschlicher Verhaltensweisen definieren wollen, dann müssen wir natürlich zunächst (und ebenfalls möglichst präzise) angeben, was wir unter menschlichem Verhalten allgemein verstehen wollen, das heißt, wir müssen zunächst den Begriff "Verhalten" definieren.

Hier setzen schon die ersten Schwierigkeiten ein, denn der Begriff "Verhalten" wird in den Sozialwissenschaften entweder (und das ist die Regel) als Primitivterm verwandt, das heißt als bekannt vorausgesetzt und bleibt daher undefiniert, oder aber er wird nur sehr vage und von unterschiedlichen Autoren unterschiedlich definiert. Es ist deshalb kaum zu erwarten, daß es uns auf Anhieb gelingen wird, eine umfassende und präzise Definition anzugeben.

Im Sinne eines vorläufigen und durchaus verbesserungsbedürftigen Vorschlages wollen wir (menschliches) Verhalten definieren als: jede motorische, verbale oder kognitive Aktivität einer Person P, die einen Einfluß auf das Person-Umwelt-System der Person P hat.

Dazu einige Erläuterungen:

Das *Person-Umwelt-System* beinhaltet (1) die jeweilige "objektive" Umwelt der Person P, das heißt die Umwelt, so wie sie von einem neutralen Beobachter wahrgenommen würde, (2) die "objektive" Beziehung der Person P zu ihrer jeweiligen Umwelt, das heißt den Ort der Person P innerhalb der sie umgebenden Umwelt, (3) die Wahrnehmung der Umwelt einschließlich der eigenen Person durch P selbst, das heißt die Vorstellungen, die die Person P von sich und von der Umwelt hat[33] und (4) die zwischen den einzelnen Elementen des gesamten Person-Umwelt-Systems bestehenden Beziehungen.

Ein *Einfluß* auf das Person-Umwelt-System durch ein bestimmtes Element (innerhalb oder außerhalb des Systems) liegt vor, wenn dieses Element in irgendeiner Weise auf den in dem Person-Umwelt-System ablaufenden Prozeß einwirkt, das heißt eine Veränderung in dem Ablauf dieses Prozesses hervorruft[34].

Aktivität der Person P soll heißen, daß eine bestimmte Veränderung, ein Einfluß auf das Person-Umwelt-System von der Person P selbst ausgeht, oder genauer: durch entsprechende Impulse über das Zentral-Nerven-System (ZNS) der Person P ausgelöst bzw. gesteuert wird.

Motorische Aktivitäten sind demnach alle vom ZNS ausgelösten oder gesteuerten Muskelkontraktionen, nicht dagegen die durch rein mechanische Einwirkungen erfolgenden Körperbewegungen. Verhalten stellen motorische Aktivitäten dann dar, wenn sie das Person-Umwelt-System beeinflussen. Muskelkontraktionen der inneren Organe (wie z.B. Herztätigkeit, Atmung usw.), die darüber hinaus auch vorwiegend durch das vegetative Nervensystem reguliert werden, stellen demnach kein Verhalten dar.

Verbale Aktivitäten bräuchten genau genommen gar nicht gesondert genannt zu werden, da sie immer motorische Aktivitäten (Bewegungen der Stimmbänder, der Zunge, der Lippen, des Kinns usw.) beinhalten. Sie wurden hier nur deshalb angeführt, weil sie (1) zusammen mit einer Reihe weiterer motorischer Aktivitäten wie Mimik, Gestik usw. zu einer sehr wichtigen Kategorie menschlichen Verhaltens, nämlich des kommunikativen Verhaltens gehören und weil sie (2) in der sozialwissenschaftlichen Literatur gewöhnlich als eine gesonderte Kategorie menschlichen Verhaltens vom (übrigen) motorischen Verhalten unterschieden werden.

Kognitive Aktivitäten wurden in die Definition für (menschliches) Verhalten deshalb mit aufgenommen, weil (1) die Beeinflussung der Vorstellungen der Person P über sich selbst und die sie umgebende Umwelt in sehr hohem Maße durch "reines" Nachdenken, Überlegen und sonstige kognitive Aktivitäten erfolgt und weil (2) die kognitiven Aktivitäten für die Person P die gleichen Funktionen ausüben können wie die motorischen Aktivitäten. Das jeweilige Verhalten einer Person P zielt nämlich in der Regel darauf ab, die jeweils gegebene Beschaffenheit der Umwelt der Person P, genauer, die Wahrnehmung der gegebenen Beschaffenheit der Umwelt durch die Person P (denn diese Wahrnehmung ist die einzige Kontrollinstanz für P) zu ändern. Diese Änderung kann aber, wie z.B. aus der Theorie der kognitiven Dissonanz (vgl. *Leon Festinger,* 1957) bekannt ist, sowohl durch eine entsprechende motorische (oder verbale) Aktivität von P als auch durch eine rein kognitive Aktivität von P erreicht. werden.[35]

Da jedes (menschliche) Verhalten in hohem Maße von der jeweiligen Beschaffenheit der Situation bzw. des Person-Umwelt-Systems abhängt und sich ständig von einem Zeitpunkt zum anderen ändert, soll künftig unter dem Verhalten einer Person P immer (auch wenn es nicht ausdrücklich gesagt wird) das Verhalten der Person P *in einer bestimmten Situation* S und *zu einem bestimmten Zeitpunkt* t_o verstanden werden.

Nach dieser in manchen Punkten durchaus noch verbesserungswürdigen Definition menschlichen Verhaltens allgemein wollen wir nun versuchen, möglichst genau anzugeben, welche menschlichen Verhaltensweisen unter dem Begriff "Entscheidungshandlung" zusammengefaßt werden und vor allem, welche Verhaltensweisen nicht unter diesen Begriff fallen sollen.

2.1.2 Definition von Entscheidungshandlungen

Die gleichen Schwierigkeiten, die uns soeben bei der Definition von (menschlichem) Verhalten allgemein begegneten, treten in noch stärkerem Maße bei der Definition von Entscheidungshandlungen auf. Im Sinne eines wiederum sehr vorläufigen und verbesserungswürdigen Vorschlages ist daher auch die folgende Definition für Entscheidungshandlung zu verstehen:[36]

Das Verhalten, das eine Person P in einer bestimmten Situation S zu einem bestimmten Zeitpunkt t_o ausführt, wollen wir dann und nur dann eine Entscheidungshandlung nennen, wenn die Person P in der gegebenen Situation und zu dem gegebenen Zeitpunkt t_o

(1) mindestens zwei alternative Handlungsmöglichkeiten wahrnimmt und

(2) sich auf Grund bestimmter angebbarer Kriterien für eine dieser Handlungsmöglichkeiten entscheidet.

Auch diese Definition bedarf einer ausführlicheren Erläuterung:

Alternative Handlungsmöglichkeiten liegen vor, wenn (1) die Person P in der gegebenen Situation und zu dem gegebenen Zeitpunkt t_o sich mindestens zwei unterschiedliche künftige Situationen vorstellt, von denen sie annimmt, daß sie (a) realisierbar sind, das heißt mit einer subjektiven Wahrscheinlichkeit von $p > 0$ eintreten werden, wenn bestimmte Bedingungen gegeben sind oder (ebenfalls mit einer subjektiven Wahrscheinlichkeit von $p > 0$) geschaffen werden können und daß (b) die Realisierung der unterschiedlichen künftigen Situationen unterschiedliche Handlungen bzw. Handlungsfolgen durch die Person P erfordert. Alternative Handlungsfolgen liegen aber auch dann vor, wenn (2) die Person P in einer gegebenen Situation und zu einem gegebenen Zeitpunkt t_o zwar nur eine entsprechende künftige Situation, jedoch alternative Handlungsmöglichkeiten sieht, die (nach Meinung von P) die Realisierung dieser künftigen Situation bewirken können.

Die in einer bestimmten Situation und zu einem bestimmten Zeitpunkt gegebenen alternativen Handlungsmöglichkeiten beziehen sich also sowohl auf die (Entscheidungs-) Handlung selbst als auch auf bestimmte künftige Situationen, die die Person sich vorstellt, wobei die (Entscheidungs-) Handlung stets ein Mittel zur Erreichung einer bestimmten künftigen Situation darstellt.

Die für das Vorliegen einer Entscheidungshandlung geforderte Bedingung, daß die Person P die alternativen Handlungsmöglichkeiten *wahrnimmt,* bedeutet, daß das Vorliegen einer Entscheidungshandlung nicht eine Frage der "objektiven" Beschaffenheit der (gegenwärtigen und künftigen) Situation ist, sondern bestimmt wird von der Wahrnehmung oder der Beurteilung der Situation durch die Person P.

Das bedeutet jedoch nicht, daß die "objektive" Beschaffenheit der Situation irrelevant ist, sie stellt sogar im Gegenteil eine wichtige, um nicht zu sagen die wichtigste Determinante der Wahrnehmung der Situation durch P dar und wird daher auch in der Regel mit dieser übereinstimmen. Entscheidend an der obigen

Aussage ist vielmehr, daß in den Fällen, in denen die "objektive" Beschaffenheit der Situation mit der Wahrnehmung der Situation durch P *nicht* übereinstimmt, die Wahrnehmung der Situation durch P relevant ist und nicht ihre objektive Beschaffenheit. Sieht die Person keine alternativen Handlungsmöglichkeiten, fühlt sie sich in einer "Zwangslage", dann liegt (und zwar unabhängig davon, ob "objektiv" alternative Handlungsmöglichkeiten bestehen oder nicht) per definitionem keine Entscheidungshandlung vor.

Die *Entscheidung* für eine der wahrgenommenen alternativen Handlungsmöglichkeiten impliziert nicht, daß diese Handlungsmöglichkeit tatsächlich ausgeführt oder genauer: zu Ende geführt wird, sondern beinhaltet nur, daß die Person P den Entschluß faßt, daß sie sich vornimmt oder plant, eine dieser Handlungsmöglichkeiten auszuführen und (gegebenenfalls) die tatsächliche Ausführung der ersten Teilhandlung (vgl. dazu die Ausführungen weiter unten S. 45 und S. 56-59; denn ob die Person P die erste Teilhandlung oder gar die gesamte Handlungsfolge tatsächlich ausführt, hängt davon ab, wie groß die Zeitspanne zwischen t_o (das heißt dem Zeitpunkt, auf den sich unsere Analyse bezieht und in dem P seine Entscheidung für eine der alternativen Handlungsfolgen trifft) und der Ausführung der ersten Teilhandlung ist und vor allem, ob und in welchem Maße in der Zeit zwischen t_o und dem Beginn der ersten entsprechenden Teilhandlung, bzw. dem Abschluß der gesamten Handlungsfolge, Ereignisse auftreten und von P wahrgenommen werden, die P zum Zeitpunkt t_o nicht vorausgesehen oder nicht bedacht hatte. Mit anderen Worten; aus der Tatsache, daß die Person P sich zum Zeitpunkt t_o für eine bestimmte Handlungsalternative entschieden hat, folgt nicht notwendigerweise, daß P auch noch zum Zeitpunkt t_{o+1} zu dieser Entscheidung steht, denn es kann ja durchaus sein, daß P sich inzwischen eines besseren besonnen hat oder daß Ereignisse eingetreten sind, die P zum Zeitpunkt t_o nicht vorausgesehen oder anders beurteilt hat und die P nun veranlassen, seine frühere Entscheidung zu revidieren und eine neue Entscheidung zu treffen.

Die Entscheidung für eine Handlungsmöglichkeit setzt zunächst die Entscheidung für eine bestimmte künftige Situation voraus. Das heißt, um sich für eine konkrete Handlungsalternative entscheiden zu können, muß die Person zunächst entscheiden, welche der von ihr wahrgenommenen und als durch unterschiedliche Handlungen bzw. Handlungsfolgen als realisierbar angesehenen unterschiedlichen künftigen Situationen sie anstreben, welche sie realisiert sehen möchte.

Wenn z.B. eine Person wählen kann, ob sie eine Tafel Schokolade kaufen oder nicht kaufen soll, dann wählt sie nicht nur zwischen verschiedenen Entscheidungshandlungen wie "kaufen", "stehlen", "als Geschenk erbitten" usw., sondern sie wählt zunächst (oder genauer: sie hat schon gewählt) zwischen einer künftigen Situation, in der sie eine Tafel Schokolade besitzt und einer künftigen Situation, in der sie keine Tafel Schokolade besitzt.

Eine solche (künftige) Situation, für die die Person sich entschieden hat, die sie anstrebt, wollen wir *Zielsituation* nennen.

Daß die Entscheidung für eine der wahrgenommenen alternativen Handlungsmöglichkeiten *auf Grund bestimmter Kriterien* erfolgen soll, beinhaltet, daß die Person P die alternativen Handlungsmöglichkeiten in irgendeiner Weise miteinander vergleicht und gegeneinander abwägt, und die Forderung schließlich, daß die Kriterien, nach denen die Wahl getroffen wurde, *angebbar* sein müssen, bedeutet nicht, daß diese Kriterien für alle Personen die gleichen sind, auch nicht, daß sie für die gleiche

Person zu unterschiedlichen Zeitpunkten gleich sind (impliziert also nicht die Forderung nach irgendeiner Art von "rationalem" Handeln — vgl. dazu auch Anmerkung 38 und 40 —); diese Forderung besagt nur, daß solche Kriterien unabhängig von der getroffenen Wahl (also z.B. vorher) empirisch zu ermitteln sind.

Nach dieser Definition liegen Entscheidungshandlungen also z.B. eindeutig vor,
(1) wenn eine Person in einer bestimmten Situation wählen kann, ob sie ein Geschäft betreten oder an ihm vorbeigehen soll, ob sie eine Tafel Schokolade oder
eine Tube Zahnpasta kaufen soll, ob sie die Schokolade der Marke A oder die
Schokolade der Marke B nehmen soll (= Entscheidung zwischen alternativen künftigen Situationen, deren Realisierung — nach Meinung der Person P — unterschiedliche Handlungen bzw. Handlungsfolgen erfordert); (2) wenn eine Person in einer
bestimmten Situation wählen kann, ob sie die Erreichung einer bestimmten Zielsituation, wie z.B. den Besitz einer Tafel Schokolade (für die sie sich bereits entschieden hat), durch Kaufen, durch Stehlen, durch Schenkenlassen oder durch
irgendeine bestimmte andere Handlung anstreben soll (= Entscheidung zwischen
alternativen Handlungsmöglichkeiten zur Erreichung einer bestimmten — bereits
gewählten — Zielsituation); Entscheidungshandlungen liegen aber (3) auch z.B.
dann eindeutig vor, wenn die Person wählen kann, ob sie kaufen oder nicht-kaufen
soll oder allgemeiner, ob sie eine bestimmte Zielsituation anstreben oder nicht-an-
streben, ob sie eine bestimmte Handlungsmöglichkeit ausführen oder nicht-ausfüh-
ren soll.

Entscheidungshandlungen liegen dagegen z.B. eindeutig *nicht* vor, (1) wenn eine
Änderung des Person-Umwelt-Systems (der Situation) durch rein "mechanische"
Einwirkungen oder durch sonstige "physikalische" Gesetzmäßigkeiten erfolgt, z.B.
wenn einer Person der Stuhl, auf dem sie sitzt, weggezogen wird und sie auf den
Fußboden fällt (es liegt kein Verhalten der Person P vor), (2) wenn eine Person P
eine bestimmte Verhaltensweise in einem bestimmten Zustand (krankhafter) Zwangs-
vorstellungen ausführt oder wenn es sich um eine durch einen "biologischen Regelkreis" bedingte Reflexhandlung handelt wie z.B. beim Pupillen- und Lidschluß-
Reflex (es werden von der Person P keine alternativen Handlungsmöglichkeiten
wahrgenommen) oder (3) wenn sich eine Person P bei der Ausführung einer bestimmten Verhaltensweise in einem hypnotischen oder hypnoseähnlichen Zustand
befindet oder wenn sie ein bestimmtes Verhalten im Traum ausführt (es findet
keine Entscheidung für eine von mindestens zwei alternativen Handlungsmöglichkeiten durch P statt).

Diese beispielhafte Aufzählung von Sachverhalten, die gemäß unserer Definition
eindeutig keine Entscheidungshandlungen darstellen, macht bereits deutlich, daß es
nur sehr wenige (menschliche) Verhaltensweisen gibt, die eindeutig keine Entscheidungshandlungen sind, oder anders ausgedrückt, daß eine Theorie der Entscheidungshandlungen den weitaus größten Teil aller (menschlichen) Verhaltensweisen
umfaßt.

Außer den Sachverhalten, die gemäß unserer Definition eindeutig unter den Begriff Entscheidungshandlung fallen und solchen Sachverhalten, die gemäß unserer
Definition eindeutig keine Entscheidungshandlungen darstellen, gibt es jedoch noch
verschiedene Formen menschlichen Verhaltens, die in den Grenzbereich zwischen den
eindeutigen Entscheidungshandlungen einerseits und den eindeutig keine Entscheidungshandlung darstellenden (menschlichen) Verhaltensweisen andererseits fallen.

Einige der wichtigsten (weil verhältnismäßig häufig auftretenden) Formen menschlichen Verhaltens, die in diesen Grenzbereich zwischen Entscheidungshandlungen und Nicht-Entscheidungshandlungen fallen, sind z.B.: (1) sogenannte Impuls- oder Spontanhandlungen, (2) Gewohnheits- oder habituelle Handlungen, (3) emotionale oder affektive Handlungen und (4) Handlungen in Pseudozwangssituationen (wenn die durchaus vorhandenen Alternativen sehr stark negativ bewertet werden).

(1) Die sogenannten *Impulshandlungen* oder *Spontanreaktionen* laufen in der Regel folgendermaßen ab: eine Person nimmt eine bestimmte Situation oder einen bestimmten Aspekt einer Situation wahr und führt spontan oder impulsiv, das heißt (scheinbar) ohne auch nur eine Sekunde zu überlegen, eine bestimmte Handlung aus. Analysiert man eine solche Handlung etwas genauer und nimmt man als Beispiel etwa den Impulskauf als eine bekannte Form von Impulshandlungen, so ergibt sich folgender Ablauf: (1) die Person nimmt ein Kaufobjekt wahr, (2) sie stellt − im gleichen Augenblick − fest, daß sie dieses Objekt gebrauchen kann bzw. gern besitzen möchte, (3) diese Feststellung ist dadurch zustande gekommen, daß die Person eine Situation, in der sie das Objekt besitzt, verglichen hat mit einer anderen Situation, in der sie das Objekt nicht besitzt, und dabei sofort die erste Situation als die "attraktivere" empfunden hat. Mit anderen Worten: es ist durchaus eine (wenn auch sehr schnelle und möglicherweise völlig ungenügende) "Abwägung" zwischen zwei alternativen Möglichkeiten verbunden mit der Entscheidung für eine dieser beiden Möglichkeiten erfolgt, (4) es erfolgt eine spontane Umsetzung des spontanen Entschlusses in einen entsprechenden Kaufakt, weil zum einen das Objekt nicht allzu teuer ist (oder die Person über genügend Geld verfügt) und weil zum anderen die Realisierung der Zielsituation (= die Durchführung des Kaufaktes) ohne besonderen Zeitaufwand sozusagen nebenbei erledigt werden kann. Mit anderen Worten: der unmittelbaren Realisierung der Zielsituation stehen keine Widerstände oder Hindernisse entgegen.

Auf Grund dieser Ausführungen [insbesondere unter Punkt (3)] müßte man eigentlich die Impulshandlungen eindeutig zu den Entscheidungshandlungen zählen. Wir führen sie jedoch als Grenzfall auf, weil die in Punkt (3) enthaltene Aussage eine noch unbewiesene und im konkreten Fall auch sehr schwer nachprüfbare Hypothese darstellt. Eine genaue Abgrenzung zwischen Entscheidungshandlungen und Nicht-Entscheidungshandlungen im Bereich dieser Impulshandlungen kann also erst erfolgen, wenn genau untersucht worden ist, ob und bei welchen Impulshandlungen tatsächlich die behauptete "Abwägung" und Entscheidung erfolgt.

(2) Als *Gewohnheits-* oder *habituelle Handlungen* möchten wir hier alle jene Handlungen bezeichnen, die bei Vorliegen einer bestimmten Stimulussituation mehr oder weniger automatisch ausgelöst werden und stets nach einem ganz bestimmten, immer wiederkehrenden Schema ablaufen, ohne daß bei der Ausführung dieser Handlungen irgendwelche (bewußten) Überlegungen angestellt werden (der Griff zum Telefonhörer, wenn das Telefon schellt oder das − gedankenlose − Abschließen der Haustür beim Verlassen des Hauses sind typische Beispiele hierfür). Hierunter fallen jedoch nicht solche in der Literatur ebenfalls als Gewohnheits- oder habituelle Handlungen bezeichnete Handlungen bzw. Handlungsfolgen, bei denen durch häufige Wiederholungen und Übungen mehrere ursprünglich diskrete und nacheinander ablaufende Handlungseinheiten zu einer einzigen integrierten Handlungseinheit zusammengeschmolzen sind (das Schalten beim Autofahren ist ein typisches Beispiel dafür)[37]. Als Grenzfälle zwischen Entscheidungs- und Nicht-

Entscheidungshandlung sind hier nur solche Formen von (Gewohnheits-) Handlungen gemeint, die im Sinne eines habituellen Reiz-Reaktions-Schemas ablaufen: auf eine bestimmte Stimulussituation erfolgt stets eine bestimmte Reaktion oder anders formuliert, die jeweils ausgeführte Handlung wird "offensichtlich" ausgelöst und determiniert durch die (vorangegangene) Stimulussituation und nicht durch irgendwelche (gedanklichen) Vorwegnahmen künftiger Ereignisse.

Eine genaue Analyse dieser nach dem Reiz-Reaktions-Schema ablaufenden (Gewohnheits-) Handlungen ergibt jedoch: (1) die jetzt gewohnheitsmäßig ablaufenden Handlungen waren ursprünglich bewußt ablaufende Entscheidungshandlungen (das — unbewußte — Schließen der Haustür beim Verlassen des Hauses war ursprünglich eine ganz bewußt ausgeführte Entscheidungshandlung, mit der z.B. eine Bestrafung durch die Eltern, das Eindringen unerwünschter Personen in die Wohnung oder ähnliches vermieden werden sollte); (2) durch häufige Wiederholung der gleichen oder ähnlicher Stimulussituationen und dadurch, daß eine bestimmte in dieser Situation ausgeführte Handlung bzw. Handlungsfolge (z.B. das Schließen der Tür) stets zur Erreichung des gewünschten Zieles führte (genauer: als geeignetes Mittel zur Erreichung des gewünschten Zieles wahrgenommen wurde), ist die Notwendigkeit einer stets neuen Überlegung und Abwägung alternativer Handlungsmöglichkeiten in einer solchen Situation entfallen und der Handlungsablauf auf eine niedrigere Bewußtseinsstufe[38] verlagert; (3) die Gewohnheitshandlung stellt somit eine Art verkürzter Entscheidungshandlung dar, bei der auf das (vielfach bewährte) Ergebnis früherer Abwägungen zurückgegriffen werden kann und bei der daher die erneute Abwägung zwischen den alternativen Handlungsmöglichkeiten nicht mehr notwendig ist und daher auch nicht mehr erfolgt[39]; (4) die zur Gewohnheitshandlung verkürzte Entscheidungshandlung wird stets wieder zu einer kompletten Entscheidungshandlung mit expliziter Abwägung alternativer Handlungsmöglichkeiten, wenn aus irgendwelchen Gründen die bislang bewährte Handlungsfolge plötzlich nicht mehr zur Erreichung des gewünschten Zieles führt.

Ähnlich wie bei den Impulshandlungen ergibt also auch hier die genaue Analyse der nach dem Reiz-Reaktions-Schema ablaufenden Gewohnheitshandlungen, daß es sich mit großer Wahrscheinlichkeit um Entscheidungshandlungen handelt. Ähnlich wie bei den Impulshandlungen setzt aber auch hier eine genaue Abgrenzung noch eine Reihe von sorgfältig durchzuführenden empirischen Untersuchungen voraus.

(3) Als *emotionale* oder *affektive Handlungen* werden alle jene Handlungen eines Menschen bezeichnet, die in einem Zustand großer Erregung und emotionaler Spannung ausgeführt werden und nicht oder nur in ganz geringem Maße rationalen Kontrollmechanismen unterliegen. Emotionale oder affektive Handlungen sind in der Regel durch folgende Merkmale gekennzeichnet: (1) Die Person befindet sich in einem Zustand starker emotionaler Erregung; (2) die emotionale Erregung beeinträchtigt den Prozeß der Informationsaufnahme und Informationsverarbeitung: je stärker die emotionale Erregung ist, um so weniger differenziert, das heißt um so selektiver und "einseitiger" ist die Informationsaufnahme (= Wahrnehmung) und um so weniger differenziert ist auch die Informationsverarbeitung (vor allem komplexe kognitive Verknüpfungen fallen in zunehmendem Maße aus, und von den im Gedächtnis gespeicherten Informationen werden in zunehmendem Maße nur noch stark schematisierte und vereinfachte Informationseinheiten verwandt)[40]; (3) die emotionale Erregung intensiviert die Handlungsbereitschaft: je stärker die emotionale Erregung ist, um so intensiver ist der Drang nach einer unverzüglichen,

zu einer Lösung der emotionalen Spannung führenden Handlung; aus diesen drei Punkten ergibt sich: (4) die Handlungen erfolgen mit großer Intensität, sie erfolgen wie die Impulshandlungen spontan ohne oder nur mit geringfügigen zeitlichen Verzögerungen und daher auf Grund sehr unvollkommener Abwägung alternativer Möglichkeiten, und sie bestehen wie die Gewohnheitshandlungen oft aus eingefahrenen, d.h. habituellen oder einfachen Verhaltensmustern.

Emotionale oder affektive Handlungen sind also aus den gleichen Gründen und in gleichem Maße als Entscheidungshandlungen anzusehen wie die Impulshandlungen und die Gewohnheitshandlungen, und sie stellen wie diese deshalb und soweit Grenzfälle dar, als und insoweit der bei diesen Handlungen ablaufende Informationsverarbeitungsprozeß sich einer genügend genauen und einwandfreien empirischen Ermittlung entzieht.

(4) Als letzte, allerdings weniger häufig auftretende Form menschlichen Verhaltens, die in den Grenzbereich zwischen Entscheidungshandlungen und Nicht-Entscheidungshandlungen fällt, seien noch jene Handlungen erwähnt, die man als *Handlungen in Pseudozwangssituationen* bezeichnen könnte. Solche Pseudozwangssituationen liegen vor, wenn die Person zwar zwei (oder mehrere) alternative Handlungsmöglichkeiten wahrnimmt, eine dieser Alternativen aber erheblich "attraktiver" ist als die übrigen, bzw. alle Alternativen außer einer Handlungsmöglichkeit von der Person extrem negativ bewertet werden (Erpressungen oder Drohungen sind typische Beispiele solcher Pseudozwangssituationen, in denen zwar die Möglichkeit der Wahl zwischen Annahme und Ablehnung der gestellten Forderungen besteht, der Person aber "praktisch" nur die Annahme bleibt, da die zu erwartenden Folgen im Falle der Ablehnung extrem negativ sind).

In der Regel dürfte es sich hierbei also um Entscheidungshandlungen handeln, bei denen die Wahl zwischen den wahrgenommenen Alternativen zwar sehr leicht fällt, aber dennoch getroffen wird.

2.1.3 *Definition der Handlungseinheit*

Unsere bisherigen Ausführungen zur Definition von Entscheidungshandlungen bezogen sich auf die Frage, ob das zu einem bestimmten Zeitpunkt und in einer bestimmten Situation gezeigte Verhalten einer Person P als Entscheidungshandlung zu bezeichnen sei oder nicht. Es ging also um die – auf einen bestimmten Zeitpunkt bezogene – Abgrenzung einer bestimmten Klasse von Verhaltensweisen (Entscheidungshandlungen) von allen übrigen Klassen menschlicher Verhaltensweisen (Nicht-Entscheidungshandlungen). Es wurde jedoch bislang noch nichts darüber gesagt, wie die einzelnen Handlungen eines Menschen im zeitlichen Ablauf voneinander abzugrenzen sind, wie lange eine bestimmte Handlung dauert, wann sie beginnt und wann sie zu Ende ist, das heißt: was als eine Handlungseinheit anzusehen ist.

Da wir eine Entscheidungshandlung definiert haben als eine Wahl zwischen alternativen Handlungsmöglichkeiten, kann die Abgrenzung von Handlungseinheiten sinnvollerweise nur gemäß der dieser Handlung zu Grunde liegenden Handlungsbedeutung oder Handlungsabsicht erfolgen (vgl. dazu auch *Edward C. Tolman,* 1951, S. 281 sowie unsere Ausführungen weiter oben S. 17). Die Handlungseinheit ist also nicht auf Grund irgendwelcher "objektiver" Merkmale, sondern nur durch den subjektiven Bedeutungsgehalt aus der Sicht der handelnden Person oder durch die jeweilige Fragestellung aus der Perspektive des Wissenschaftlers definiert.

In Abhängigkeit von dem subjektiven Bedeutungsgehalt oder der wissenschaftlichen Fragestellung kann jede Entscheidungshandlung in kleinere (Teil-) Einheiten zerlegt oder zu größeren Einheiten zusammengefaßt werden, und zwar in zweierlei Hinsicht:

(1) In bezug auf die Zielsituation kann die Person zunächst nur eine ganz grobe Vorstellung haben, die dann nach und nach in mehreren Einzelschritten konkreter und präziser wird. Die Person kann z.B. zunächst nur die Vorstellung haben, daß sie etwas Eßbares besitzen möchte, unmittelbar darauf verspürt sie vielleicht den Wunsch, irgendeine Süßigkeit zu besitzen, dann entscheidet sie sich für eine Tafel Schokolade und schließlich für die große Tafel der Marke A.

(2) In bezug auf die zur Erreichung einer bestimmten Zielsituation ausgeführten (Entscheidungs-) Handlung kann die Person ebenfalls zunächst nur ganz grobe Vorstellungen haben, die dann nach und nach in eine Kette von mehreren (Teil-) Handlungen zerlegt wird. Jede Teilhandlung führt dabei ihrerseits zu einer bestimmten Situation, die ein Zwischenziel auf dem Wege zur Erreichung des "End-" Zieles darstellt. Da jede Handlung genaugenommen stets aus einer Kette von aufeinanderfolgenden Teilhandlungen besteht, werden wir (um diesen Sachverhalt zum Ausdruck zu bringen) künftig in der Regel den Ausdruck Handlungsfolge statt Handlung verwenden.

Die Person kann z.B. zunächst nur zu dem Ergebnis kommen, daß sie die Zielsituation, die große Tafel Schokolade der Marke A zu besitzen, am besten erreichen kann, indem sie eine solche Tafel kauft; sie kann dann zu dem Ergebnis kommen, daß sie die Tafel Schokolade am besten in dem Geschäft Z kauft (das ist zunächst nur eine Präzisierung der auszuführenden Gesamthandlung); sie kann dann feststellen, daß die Gesamthandlung (Schokolade im Geschäft Z kaufen) aus den folgenden Teilhandlungen besteht: aus dem Wohnzimmer gehen, Mantel anziehen, die Wohnung verlassen, Korridortür abschließen, zur Straßenbahnhaltestelle gehen, mit der Linie S bis zur Station T fahren, durch die Straße U zum Geschäft Z gehen, die Tafel Schokolade aus dem Regal nehmen, an der Kasse das Geld bezahlen und dann wieder nach Hause fahren. Jede dieser Teilhandlungen kann dabei wiederum in weitere (kleinere) Teilhandlungen zerlegt werden.

Wie präzise nun die Zielsituation ist, wie differenziert die Gesamthandlung in eine Kette von zeitlich aufeinanderfolgenden Teilhandlungen zerlegt wird und vor allem, was als Zielsituation und was als Zwischensituation anzusehen ist, hängt ab von der tatsächlichen Beschaffenheit der kognitiven Struktur der Person, das heißt davon, wie die Person selbst die Zielsituation definiert und welche Vorstellungen sie über die zur Erreichung dieser Zielsituation erforderliche Handlungsfolge hat.

Wenn die Person z.B. nur wünscht, eine Tafel Schokolade zu besitzen und es ihr völlig gleich ist, um welche Marke, Größe usw. es sich dabei handelt, dann sind die Marke, die Größe usw. der Schokolade nicht Bestandteil der Zielsituation; oder wenn die Person z.B. in der Schule fleißig lernt, weil ihr für ein gutes Zeugnis von den Eltern als Belohnung ein bestimmter Geldbetrag versprochen wurde, dann ist das gute Zeugnis ein Zwischenziel zur Erlangung des versprochenen Geldbetrages, wenn die Person dann später feststellt, daß es ein gutes Zeugnis benötigt, um eine bestimmte erwünschte Berufsposition zu erreichen, dann ist das gute Zeugnis ein Zwischenziel zur Erreichung der gewünschten Berufsposition und wenn schließlich die Person eine hohe Leistungsmotivation besitzt, wird das gute Zeugnis selbst zu einer Zielsituation. Zu einer Zielsituation kann sogar das Lernen selbst werden, nämlich dann, wenn das Lernen der Person so viel Spaß macht, daß sie auch dann lernt, wenn dadurch kein anderes Ziel erreicht wird.

Was als Zielsituation definiert wird und wie differenziert die Gesamthandlung in eine Folge von Teilhandlungen zerlegt wird, hängt aber auch ab von der Fragestellung des Wissenschaftlers, der bestimmte Entscheidungshandlungen untersuchen möchte.

So kann die Frage z.B. lauten, ob eine Person kauft oder ob sie nicht kauft (dann ist es gleichgültig, wo und was sie kauft). Die Frage kann aber auch lauten, was die Person kaufen wird, wo sie kaufen wird, wie sie zu dem Geschäft gelangt (zu Fuß, mit der Straßenbahn oder mit dem Auto). Die interessierende Zielsituation kann in dem Erwerb guter Schulnoten bestehen, es kann aber auch die Erreichung eines bestimmten Schulabschlusses, einer bestimmten Berufsposition oder etwas anderes sein. Es kann das Kaufverhalten interessieren, es kann aber auch sein, daß jemand sich für solche Handlungen interessiert, die zur Erlangung von sozialem Prestige führen, wobei dann das Kaufverhalten eine von mehreren gleichermaßen interessierenden (Teil-) Handlungen ist.

Der Wissenschaftler kann dabei jedoch nicht völlig willkürlich entscheiden, was er (in Abhängigkeit von seiner Fragestellung) als Zielsituation und was er als Handlungseinheit definieren will. Um eine adäquate Analyse der Entscheidungshandlung durchführen zu können, wird er in der Regel berücksichtigen müssen, ob und inwieweit eine bestimmte Situation (wie z.B. der Besitz eines bestimmten Kaufobjektes) von der Person als Zielsituation definiert ist oder als Mittel zur Erreichung eines oder mehrerer anderer Ziele (wie z.B. der Erlangung sozialer Anerkennung) dient. Er wird ebenfalls berücksichtigen müssen, welche Vorstellungen die Person über die einzelnen Glieder der Handlungsfolge hat, die ihrer Meinung nach zur Erreichung der gewünschten Zielsituation führt, er wird vor allem berücksichtigen müssen, ob und welche alternativen Handlungsfolgen nach Meinung der Person zur Erreichung der Zielsituation führen (die Person kann z.B. außer durch Kauf auch durch Ausleihen, durch Selbstherstellung, durch Diebstahl usw. in den Besitz des gewünschten Objektes gelangen), und er wird möglicherweise auch noch berücksichtigen müssen, ob und welche alternativen Zielsituationen für die Person existieren.

2.2   Der psychologische Teil der Theorie
(Die "psychologischen" Determinanten menschlicher Entscheidungshandlungen)

Nachdem wir definiert haben, was wir unter einer Entscheidungshandlung verstehen wollen und damit den Geltungsbereich unseres theoretischen Ansatzes zur Erklärung menschlicher Entscheidungshandlungen abgegrenzt haben, wollen wir nun versuchen, unser theoretisches Modell in seinen wichtigsten Grundzügen darzustellen.

Diese Theorie erhebt weder den Anspruch, wesentlich Neues zu bringen noch besonders originell zu sein, sondern sie stellt nur den Versuch dar, die in den verschiedenen vorhandenen theoretischen Ansätzen zur Erklärung menschlichen (Entscheidungs-) Verhaltens enthaltenen Hypothesen und Erkenntnisse, die sich in vielen empirischen Überprüfungen immer wieder bewährt haben oder (in etwas unterschiedlichen Formulierungen) in verschiedenen Ansätzen immer wiederkehren, zu einem einheitlichen Konzept zu integrieren.

Die Theorie besteht aus einem "psychologischen" und einem "soziologischen" Teil. Wir wollen mit der Darstellung des "psychologischen" Teiles der Theorie beginnen. Die diesem Teil zu Grunde liegende *Frage* lautet:

Gegeben sei eine Person P, die sich zum Zeitpunkt t_0 in einer Entscheidungssituation (das heißt, in einer Situation, in der sie zwischen zwei oder mehreren möglichen Handlungsalternativen wählen kann) befindet: Welche der verschiedenen Handlungsmöglichkeiten wird die Person P wählen?

Wir gehen also zunächst aus von einem bestimmten Zeitpunkt t_0 und beschränken uns darauf, zu erklären oder vorauszusagen, welche der verschiedenen von der Person zu diesem Zeitpunkt wahrgenommenen Handlungsalternativen[41] die Person ausführen wird, bzw. genauer: welche Handlungsalternative sie zu diesem Zeitpunkt beginnen wird.[42]

Wir setzen dabei voraus, daß sich P entscheiden, das heißt eine der verschiedenen Handlungsalternativen ausführen wird. Diese Annahme wäre unzulässig, wenn sich unsere theoretischen Aussagen (wie es in fast allen entsprechenden verhaltenstheoretischen, insbesondere aber in den entscheidungs- und spieltheoretischen Ansätzen der Fall ist) auf die von dem Beobachter bzw. Wissenschaftler **wahrgenommenen** (und der Testperson P vorgelegten) Handlungsalternativen beziehen würden. In diesem Falle müßten wir die Möglichkeit in Betracht ziehen, daß P zum Zeitpunkt t_0 noch nicht bereit ist, sich für eine dieser Alternativen zu entscheiden, sondern z.B. zunächst sich noch weitere Informationen beschafft, oder daß P alle Alternativen ablehnt und eine ganz andere Handlung ausführt oder "aus dem Felde geht".

Da wir jedoch von den von der Person P selbst wahrgenommenen Handlungsalternativen ausgehen, würden auch solche Handlungen wie das Suchen nach weiteren Informationen oder das "Aus-dem-Felde-Gehen" zu den wahrgenommenen Handlungsalternativen gehören. Die Annahme, daß die Person P zum Zeitpunkt t_0 in einer Entscheidungssituation eine der wahrgenommenen Handlungsalternativen ausführen wird, stellt daher keine zusätzliche Einschränkung dar, sondern ergibt sich aus unserer Definition der Entscheidungssituation bzw. der Entscheidungshandlung und der Tatsache, daß jeder lebendige Organismus ständig aktiv ist, das heißt ständig bestimmte Verhaltensweisen (und in Entscheidungssituationen per definitionem Entscheidungshandlungen) ausführen wird (vgl. dazu auch die Ausführungen auf S. 21).

Die in den meisten theoretischen Ansätzen und empirischen Untersuchungen immer wiederkehrenden Faktoren, die zur Erklärung und Voraussage der von einer Person P in einer Entscheidungssituation S_0 gewählten Handlungsalternative H_j herangezogen werden, sind:

(1) die von der Person P zum Zeitpunkt t_0 wahrgenommene gegenwärtige Situation S_0;

(2) die von der Person P zum Zeitpunkt t_0 wahrgenommenen oder vorgestellten künftigen (Ziel-) Situationen $S_{s,\iota}$[43];

(3) die von der Person P zum Zeitpunkt t_0 wahrgenommenen Realisierungsmöglichkeiten der wahrgenommenen bzw. vorgestellten künftigen (Ziel-) Situationen, das heißt: die Vorstellungen, die die Person zum Zeitpunkt t_0 darüber hat, welche Handlungsfolgen H_j zur Realisierung welcher der vorgestellten künftigen (Ziel-)

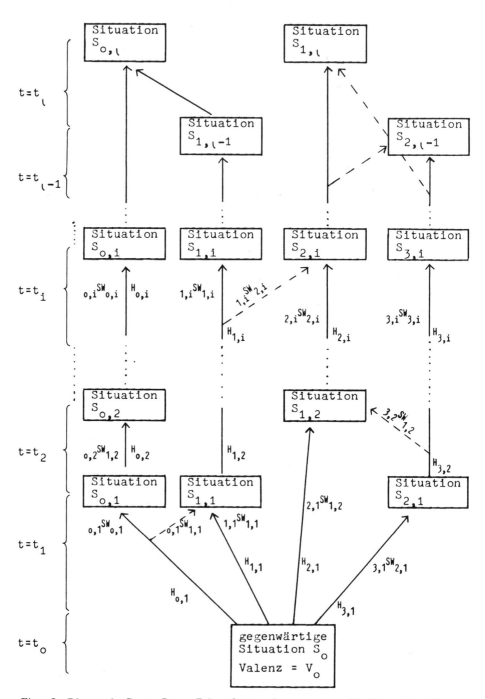

Figur 5   Die von der Person P zum Zeitpunkt t_o wahrgenommenen Handlungsalternativeı

Situationen $S_{s,\iota}$ führen werden, welche Zwischensituationen $S_{s,i}$[44] auf dem Wege zur Erreichung einer bestimmten zukünftigen (Ziel-) Situation zu durchlaufen sind und welche Teilhandlungen $H_{j,i}$ zur Erreichung der einzelnen Zwischensituationen führen;

(4) die von der Person P zum Zeitpunkt t_o vorgenommene Bewertung der verschiedenen von der Person P zum Zeitpunkt t_o wahrgenommenen bzw. vorgestellten gegenwärtigen und künftigen Situationen (einschließlich der auf dem Wege zur Erreichung einer bestimmten künftigen Situation zu durchlaufenden Zwischensituationen) im Sinne von angenehm-unangenehm bzw. erwünscht-unerwünscht – diese Art der Bewertung einer Situation $S_{s,i}$ wollen wir als die Valenz $V(S)_{s,i}$ der Situation $S_{s,i}$ und die Bewertung einer Handlungseinheit $H_{j,i}$ als die Valenz $V(H)_{j,i}$ der Handlungseinheit $H_{j,i}$ bezeichnen –;

(5) die von der Person P zum Zeitpunkt t_o vorgenommene Einschätzung der Wahrscheinlichkeiten, mit denen durch die Ausführung einer bestimmten Handlungseinheit $H_{j,i}$ (Handlungsfolge H_j) das Eintreten einer bestimmten Situation $S_{s,i}$ (der Zielsituation $S_{s,\iota}$) zu erwarten ist – diese Einschätzung wollen wir als subjektive Wahrscheinlichkeit $_{j,i}SW_{s,i*}$ ($_jSW_{s,\iota}$) [45,46] bezeichnen.

Eine schematische Darstellung und Veranschaulichung dieser Ausführungen erfolgt in Figur 5.

Diese in Figur 5 in Form einer Übersicht dargestellte Gesamtkonzeption soll nun im folgenden noch weiter ausdifferenziert werden. Insbesondere gilt es, genauer zu analysieren: (1) die Wahrnehmung einer Situation durch die Person P zum Zeitpunkt t_o, das heißt die kognitive Repräsentierung, das kognitive Bild (cognitive map) einer Situation, (2) die Vorstellungen der Person P über die zeitliche Abfolge sowie über die Übergangsbedingungen und Übergangswahrscheinlichkeiten von einer Situation zur anderen und (3) die Valenzen der einzelnen Situationen, der gegenwärtigen und der künftigen, der Zielsituationen und der zur Erreichung einer bestimmten Zielsituation zu durchlaufenden Zwischensituationen.

2.2.1 *Wahrnehmung einer Situation durch die Person (die kognitive Repräsentierung einer Situation)*

Die Vorstellung, die eine Person P von einer bestimmten Situation hat, setzt sich zusammen aus (1) den Vorstellungen darüber, aus welchen einzelnen Objekten oder Elementen die Situation besteht, (2) den Vorstellungen über die Eigenschaften der einzelnen Objekte (Elemente) und (3) den Vorstellungen darüber, welches Gewicht den einzelnen Eigenschaften und Objekten (Elementen) zur Charakterisierung der Gesamtsituation zukommt.

Bezeichnet man die k-te Eigenschaft des l-ten Elementes A_l einer Situation S mit $E_{l,k}$, das Gewicht, das der Eigenschaft $E_{l,k}$ zur Charakterisierung von A_l zukommt, mit $g_{l,k}$, das Gewicht, das A_l zur Charakterisierung der Gesamtsituation zukommt, mit g_l, die Gesamtzahl der Elemente, aus denen sich die Situation zusammensetzt, mit λ und die Gesamtzahl der Eigenschaften, die dem Element A_l zugeschrieben werden, mit χ, dann läßt sich die Vorstellung, die P von einer bestimmten Situation S hat, folgendermaßen beschreiben:

$$(1)\ S: = \sum_{l=1}^{\lambda} g_l(A_l) \sum_{k=1}^{\chi} g_{l,k}(E_{l,k})$$

$$\text{wobei:}\quad \sum_{l=1}^{\lambda} g_l = 1 \quad \text{und} \quad \sum_{k=1}^{\chi} g_{l,k} = 1 \quad ^{47}$$

Da jede Situation "objektiv" aus sehr vielen Elementen oder Objekten besteht, da jedes dieser Elemente viele verschiedene Eigenschaften haben kann und da darüber hinaus die Beschaffenheit einer Situation ständigen Änderungen unterliegt, erscheint es auf den ersten Blick kaum möglich, die Beschreibung einer Situation nach der Formel (1) mit einem vertretbaren Aufwand empirisch nachzuvollziehen.

Formel (1) bezieht sich jedoch nicht auf die "objektive", sondern auf die von der Person P wahrgenommene Beschaffenheit einer Situation. Das, was von der Person P wahrgenommen wird, stellt aber bekanntlich nur einen (sehr) kleinen Ausschnitt aus der "objektiven" Beschaffenheit der Situation[48] dar. Dadurch tritt bereits eine erhebliche Reduzierung der Zahl der relevanten Objekte und Eigenschaften ein.

Eine weitere Reduzierung kann dadurch erreicht werden, daß für die empirische Messung der Wahrnehmung einer Situation durch die Person P nur solche Eigenschaften und Objekte berücksichtigt werden, deren Gewicht für die Charakterisierung der Gesamtsituation besonders stark ist und alle anderen (wahrgenommenen) Eigenschaften und Objekte einer Situation, die nur einen geringen Beitrag zur Charakterisierung der Gesamtsituation liefern, vernachlässigt werden (nicht wahrgenommene Eigenschaften und Objekte stellen in dieser Hinsicht einen Grenzfall dar, indem sie als Gewichtungsfaktor den Wert 0 erhalten).

Eine solche Einschränkung der Analyse auf die "wesentlichen" Eigenschaften und Objekte einer Situation reduziert auch in erheblichem Maße das Ausmaß und vor allem die Häufigkeit der Veränderungen der Situation in der Zeit, das heißt: führt zu einer größeren Konstanz und einem längeren Andauern der einzelnen Situationen[49].

Eine noch weitere Reduzierung des erforderlichen Aufwandes zur Messung der Wahrnehmung der Situation kann dadurch erreicht werden, daß von der Aufteilung der Situation in einzelne Elemente oder Objekte abgesehen wird und nur noch die undifferenzierte Zuordnung einzelner Eigenschaften (und deren jeweiliges Gewicht) zur Charakterisierung der Gesamtsituation festgestellt wird.

Im Gegensatz zu der Strategie, nur Eigenschaften und Objekte zu berücksichtigen, die wesentlich zur Charakterisierung der Gesamtsituation beitragen (was bei erheblicher Reduzierung des Arbeitsaufwandes nur einen minimalen Informationsverlust bewirkt), führt diese Strategie der undifferenzierten Gesamtbeschreibung der Situation jedoch zu einem erheblichen Informationsverlust und daher zu einer starken Vergröberung der Meßergebnisse.

2.2.2 Vorstellungen der Person über die zeitliche Abfolge einzelner Situationen (Übergangsbedingungen und Übergangswahrscheinlichkeiten: das Kausal-Modell der Person)

Die verschiedenen von der Person P wahrgenommenen oder vorgestellten (gegenwärtigen, vergangenen und zukünftigen) Situationen stehen nicht isoliert neben- bzw. hintereinander, sondern sind durch ein komplexes System von "Kausal"-Beziehungen miteinander verbunden. Das heißt: die Person P hat zum Zeitpunkt t_o ganz bestimmte Vorstellungen darüber, unter welchen Bedingungen, mit welchen Wahrscheinlichkeiten und über welche Zwischensituationen aus einer bestimmten Situation $S_{s,i}$ eine andere bestimmte Situation $S_{s,i+a}$ entstehen wird[50], z.B. unter welchen Bedingungen, mit welchen Wahrscheinlichkeiten und über welche Zwischensituationen aus der gegenwärtigen Situation S_o zum Zeitpunkt t_i eine bestimmte andere Situation S_i entstehen wird. Die Person P hat insbesondere Vorstellungen darüber, welche Situation $S_{j,i}$ zum Zeitpunkt t_i eintreten wird, wenn P eine bestimmte Handlungsfolge H_j ausführt und vor allem auch, welche Situation $S_{o,i}$ zum Zeitpunkt t_i eintreten wird, wenn P selbst nicht handelt (das heißt, nicht "aktiv" in den Lauf des Geschehens eingreift).

Die von der Person P zum Zeitpunkt t_o wahrgenommenen bzw. vorgestellten Übergangswahrscheinlichkeiten einer bestimmten Situation $S_{s,i}$ in eine bestimmte andere Situation $S_{s,i+a}$ unter einer bestimmten Bedingung (z.B. Ausführung einer bestimmten Handlungsfolge $H_{j,i}$) und in einem bestimmten Zeitabschnitt, die wir (in Anlehnung an die übliche Terminologie) als subjektive Wahrscheinlichkeit $_{j,i}SW_{s,i+a}$ bezeichnen wollen, kann nur Werte von 0 bis +1 annehmen ($0 \leq SW \leq +1$).

Da es außer den Handlungsfolgen, die (nach Meinung der Person P) zur Entstehung einer bestimmten Situation $S_{s,i+a}$ aus einer bestimmten Situation $S_{s,i}$ beitragen, auch Handlungsfolgen gibt, die die Entstehung einer bestimmten Situation $S_{s,i+a}$ aus einer anderen bestimmten Situation $S_{s,i}$ in mehr oder weniger starkem Maße verhindern, scheint es sinnvoll, die subjektive Wahrscheinlichkeit $_{j,i}SW_{s,i+a}$ jeweils mit einem Richtungsfaktor $R_{j,i}$ zu multiplizieren. Dabei soll $R_{j,i}$ nur die Werte "+1" oder "-1" annehmen und: $R_{j,i} = +1$, wenn die Handlungsfolge $H_{j,i}$ (nach Meinung der Person P) die Entstehung der Situation $S_{s,i+a}$ aus der Situation $S_{s,i}$ fördert und $R_{j,i} = -1$, wenn die Handlungsfolge $H_{j,i}$ (nach Meinung der Person P) die Entstehung der Situation $S_{s,i+a}$ aus der Situation $S_{s,i}$ beeinträchtigt bzw. verhindert.

$_{j,i}SW_{s,i+a}$ ist gleich 1, wenn nach Meinung von P die Bedingung (Handlungsfolge) $H_{j,i}$ mit Sicherheit dazu führt, daß aus der einen Situation $S_{j,i}$ eine andere Situation $S_{s,i+a}$ entsteht bzw. (wenn $R_j = -1$) nicht entsteht und $_{j,i}SW_{s,i+a}$ ist gleich 0, wenn (nach Meinung von P) die Bedingung (Handlungsfolge) $H_{j,i}$ keinerlei Einfluß darauf hat, ob aus der Situation $S_{s,i}$ die Situation $S_{s,i+a}$ entsteht oder nicht.

Die subjektiven Wahrscheinlichkeiten unterscheiden sich von den "objektiven" Wahrscheinlichkeiten in mehreren Punkten:

(1) Die subjektiven Wahrscheinlichkeiten können Werte annehmen, die mehr oder weniger stark von der tatsächlichen oder "objektiven" Wahrscheinlichkeit abweichen, das heißt, die "Kausal"-Vorstellungen von P können falsch sein[51].

(2) Die subjektiven Wahrscheinlichkeiten sind in der Regel nicht in exakten Werten wie 0,85 oder 0,37 angebbar, sondern nur in Form von relativ unscharf abgegrenzten Bereichen, denn die Person P hat in der Regel keine präzisen, son-

dern nur mehr oder weniger vage Vorstellungen über die jeweiligen Übergangswahrscheinlichkeiten einer Situation $S_{s,i}$ zu einer anderen Situation $S_{s,i+a}$. Subjektive Wahrscheinlichkeiten haben daher mit Sicherheit nicht die Eigenschaften einer Ratio- oder Intervallskala, sie haben wahrscheinlich in den meisten Fällen nicht einmal die Eigenschaften einer Ordinalskala, sondern nur die einer "Quasi-Rangordnung"[52]. In den meisten Fällen wird die Person P nur angeben können, ob bei Vorliegen einer bestimmten Bedingung (Handlungsfolge) j aus einer gegebenen Situation $S_{s,i}$ "mit Sicherheit nicht", "sehr wahrscheinlich nicht", "wahrscheinlich nicht", "vielleicht", "wahrscheinlich", "sehr wahrscheinlich" oder "bestimmt" eine bestimmte andere Situation $S_{s,i+a}$ entstehen wird[53]. Die Person P wird insbesondere oft nicht in der Lage sein anzugeben, welche von verschiedenen Handlungsalternativen mit größerer Wahrscheinlichkeit dazu führen wird, daß eine Situation $S_{s,i}$ in eine andere Situation $S_{s,i+a}$ übergeht, sondern nur Klassen von etwa gleichwertigen Handlungsalternativen bilden und danach die einzelnen Klassen in eine Rangordnung bringen können[54].

(3) Die Summe der subjektiven Wahrscheinlichkeiten für das Eintreten aller möglichen (genauer: aller vorgestellten) sich gegenseitig ausschließenden Alternativsituationen aus einer gegebenen Situation bei einer gegebenen Bedingung (Handlungsfolge) ist nicht (wie im Falle der objektiven Wahrscheinlichkeiten) notwendigerweise gleich 1, sondern kann sowohl größer als auch kleiner als 1 sein[55]. Wenn z.B. die Person P zum Zeitpunkt t_0 in der Situation S_0 eine bestimmte Handlung H_j ausführt und annimmt, daß auf Grund dieser Handlung zum Zeitpunkt t_1 mit einer jeweils bestimmten Wahrscheinlichkeit entweder die Situation $S_{1,1}$ oder die Situation $S_{2,1}$ oder die Situation $S_{3,1}$ eintreten wird (wobei $S_{1,1}$, $S_{2,1}$ und $S_{3,1}$ sich gegenseitig ausschließen, also nicht zusammen vorkommen können, und eine andere Situation als $S_{1,1}$, $S_{2,1}$ oder $S_{3,1}$ nicht möglich ist), dann muß die Summe der objektiven Wahrscheinlichkeiten gleich 1 sein $\sum\limits_{s=1}^{3} {}_{j,o}W_{s,1} = 1$, da ja eine der drei Alternativen mit Sicherheit eintreten wird. Trotzdem kann es sein, daß die Summe der in dieser Situation von P angenommenen subjektiven Wahrscheinlichkeiten ungleich 1, das heißt größer oder kleiner als 1 ist $\sum\limits_{s=1}^{3} {}_{j,o}SW_{s,1} \neq 1$.

(4) Die subjektiven Wahrscheinlichkeiten für das Eintreten des übernächsten, eines späteren oder des letzten Gliedes einer Kette von Zwischensituationen ergeben sich nicht notwendigerweise wie bei den objektiven Wahrscheinlichkeiten aus dem Produkt der Einzelwahrscheinlichkeiten[56].

2.2.3 Valenzen der von der Person wahrgenommenen Situationen

Wir haben bislang nur den kognitiven Aspekt der Vorstellungen (= die kognitive Repräsentation der einzelnen in der Vorstellung der Person enthaltenen Situationen, sowie das diese Situationen miteinander verbindende "Kausal"-Modell), die eine Person von ihrer Umwelt hat, besprochen. Jede Eigenschaft, die von der Person P einem bestimmten Objekt zugeordnet wird (und damit auch das entsprechende Objekt und die jeweilige Situation, in der das entsprechende Objekt enthalten ist

– vgl. dazu Formel (1) auf S. 48 –) besitzt jedoch außer der rein beschreibenden Funktion immer auch noch einen bewertenden Aspekt. Diese Bewertungskomponente einer Eigenschaft (eines Objektes, einer Situation), die bewirkt, daß die jeweilige Situation von der Person P als mehr oder weniger angenehm oder unangenehm empfunden wird, bzw. daß das Eintreten der jeweiligen Situation von P mehr oder weniger stark gewünscht oder abgelehnt wird, wollen wir als die Valenz der Eigenschaft (des Objektes, der Situation) bezeichnen.

Die Valenz einer Eigenschaft (eines Objektes oder einer ganzen Situation) ist von Person zu Person verschieden (das heißt, verschiedene Personen können gleiche Eigenschaften ganz unterschiedlich bewerten), und sie ist auch bei der gleichen Person zu unterschiedlichen Zeitpunkten verschieden (das heißt, die gleiche Person kann die gleiche Eigenschaft zu unterschiedlichen Zeitpunkten unterschiedlich bewerten).

Die Valenz einer Eigenschaft (eines Objektes, einer Situation) hängt eng zusammen mit der jeweiligen Bedürfnis- oder Motivationsstruktur der Person P und ergibt sich insbesondere:

(1) aus den Erwartungen von P darüber, ob und in welchem Maße (und mit welcher Wahrscheinlichkeit) die Eigenschaften der einzelnen Objekte zur Verwirklichung der Bedürfnisse oder Motive von P beitragen, und die wir als die Instrumentalität[57] einer Eigenschaft (eines Objektes, einer Situation) zur Verwirklichung der Bedürfnisse oder Motive von P oder kurz als *Instrumentalität (I)* bezeichnen wollen, und

(2) aus der Stärke oder Intensität der jeweiligen Bedürfnisse oder Motive, für die die jeweilige Eigenschaft (das Objekt, die Situation) eine positive oder negative Instrumentalität ($I = 0$) besitzt; diese Variable wollen wir Bedürfnis- oder *Motiv-Intensität (MI)* nennen.

Die Instrumentalität (I) kann Werte von $+1$ bis -1 annehmen. Sie ist $+1$, wenn die Person annimmt, daß eine bestimmte Eigenschaft (Objekt, Situation) mit Sicherheit und voll zur Befriedigung des jeweiligen Bedürfnisses beiträgt, sie ist -1, wenn (nach Meinung der Person) eine bestimmte Eigenschaft (Objekt, Situation) mit Sicherheit und vollständig die Befriedigung des jeweiligen Bedürfnisses verhindert, sie ist gleich 0, wenn (nach Meinung der Person) eine bestimmte Eigenschaft (Objekt, Situation) weder positiv noch negativ zur Befriedigung des jeweiligen Bedürfnisses beiträgt, und sie ist positiv (negativ), wenn eine bestimmte Eigenschaft (Objekt, Situation) die Befriedigung des jeweiligen Bedürfnisses fördert (beeinträchtigt).

Wir wollen eine bestimmte Eigenschaft (Objekt, Situation) dann als *relevant* für ein bestimmtes Bedürfnis oder Motiv (bzw. ein bestimmtes Bedürfnis oder Motiv als relevant für eine bestimmte Eigenschaft, Objekt oder Situation) bezeichnen, wenn die entsprechende Instrumentalität ungleich 0 ist.

Die Motiv-Intensität (MI) ist wie die Instrumentalität eine gerichtete Größe und kann positive und negative Werte annehmen; sie ist positiv, wenn das entsprechende Bedürfnis oder Motiv auf Realisierung einer bestimmten Klasse von Situationen gerichtet ist (z.B. Hoffnung auf Erfolg – vgl. *Heinz Heckhausen*, 1963 und 1963a), und sie ist negativ, wenn das entsprechende Bedürfnis oder Motiv auf Vermeidung einer bestimmten Klasse von Situationen gerichtet ist (z.B. Furcht vor Mißerfolg). Innerhalb welcher Spanne sich die Motiv-Intensität bewegt (ob von $+1$ bis -1, von $+10$ bis -10 usw.) hängt von der Beschaffenheit des jeweiligen Meßinstrumentes ab und soll hier nicht festgelegt werden.

Bezeichnen wir die Instrumentalität der Eigenschaft $E_{l,k}$ des Elementes A_l zur Verwirklichung des m-ten Bedürfnisses oder Motives mit $I_{l,k,m}$, die Bedürfnis- oder Motiv-Intensität des m-ten Bedürfnisses oder Motives mit MI_m, die Gesamtzahl der "relevanten" Motive mit μ, und verwenden wir darüber hinaus die gleichen Symbole wie zur Beschreibung einer Situation [vgl. Formel (1)], dann erhalten wir die folgende Definition für die Valenz V(S) einer Situation S.

$$(2) \quad V(S) = \sum_{l=1}^{\lambda} g_l \sum_{k=1}^{\chi} g_{l,k} \sum_{m=1}^{\mu} MI_m * I_{l,k,m}$$

Dieser Sachverhalt ist in Figur 6 noch einmal anschaulich dargestellt.

Motive (Bedürfnisse) und Motivintensitäten (MI):

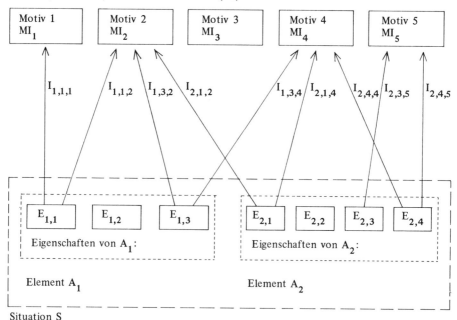

Situation S

Figur 6   Bestimmung der Valenz V(S) einer Situation S

Die Valenz einer Situation ergibt sich also aus der Aufsummierung der Valenzen aller Eigenschaften von allen Objekten (Elementen), die Bestandteil der Situation sind. Die Messung der Valenz einer Situation S setzt somit die Beschreibung der Situation S nach Formel (1) voraus und ergänzt diese dadurch, daß jede Eigenschaft und damit jedes Objekt mit einer Bewertung versehen wird (die sich wiederum aus der Summe der jeweiligen Produkte von Instrumentalität und Motivintensität ergibt).

War schon bei der bloßen Beschreibung der Situation das Problem des kaum vertretbaren Meßaufwandes aufgetaucht (vgl. die Ausführungen auf S. 48), so scheint die empirische Ermittlung der Valenz einer Situation nach Formel (2) endgültig die Grenzen der Realisierbarkeit zu überschreiten.

Hier gelten aber zunächst wiederum die gleichen, den Meßaufwand erheblich reduzierenden Gesichtspunkte, die schon im Zusammenhang mit der (reinen) Beschreibung der Situation angeführt wurden (vgl. S. 48).

Weiterhin haben sehr viele von der Person P zum Zeitpunkt t_o einem Objekt 1 zugeschriebene Eigenschaften und damit auch viele Objekte (oder Elemente) einer Situation eine neutrale oder annähernd neutrale Valenz $[V(S) = 0$ oder $V(S) \approx 0]$. Da diese Eigenschaften nicht oder nur in sehr geringem Maße zur Höhe der Gesamtvalenz der Situation beitragen, können sie vernachlässigt werden. Mit anderen Worten: ohne einen allzu großen Informationsverlust in Kauf nehmen zu müssen, kann eine empirische Ermittlung der Valenz einer Situation sich auf die Ermittlung und Summierung der Valenzen derjenigen Objekte und Eigenschaften beschränken, die eindeutig (oder besonders stark) von 0 verschiedene Werte annehmen[58].

Die Valenz einer Situation kann positiv $[V(S) > 0]$, negativ $[V(S) < 0]$ oder neutral $[V(S) = 0]$ sein. Ist die Valenz $V(S)$ einer Situation S positiv (negativ), so besteht für die Person P eine Tendenz, die Erreichung – oder Beibehaltung – dieser Situation anzustreben (zu vermeiden). Die Stärke der Tendenz, die Erreichung oder Beibehaltung der Situation S anzustreben bzw. zu vermeiden, ist um so größer, je größer der absolute Wert der Valenz V ist.

Im Zusammenhang mit der Analyse von Entscheidungshandlungen sind von besonderer Bedeutung:

(1) die Valenz der Situation, in der sich die Person P zum Zeitpunkt t_o befindet – diese Valenz der gegenwärtigen Situation S_o wollen wir mit $V(S)_o$ bezeichnen –;

(2) die Valenzen derjenigen Situationen, die (zum Zeitpunkt t_o) in der Vorstellung der Person P (oder gemäß der Fragestellung des Wissenschaftlers – vgl. die Ausführungen S. 43-44 –) den Charakter von Zielsituationen haben – diese Valenzen der Zielsituation(en) $S_{s,\iota}$ wollen wir mit $V(S)_{s,\iota}$ bezeichnen –;

(3) die Valenzen (genauer die Summe der Valenzen) der Situationen, die (nach Meinung der Person P) bei Ausführung einer bestimmten Handlungsfolge H_j auf dem Wege von der gegenwärtigen Situation S_o zu einer bestimmten Zielsituation $S_{s,\iota}$ zu durchlaufen sind – diese Gesamtvalenz der Handlungsfolge H_j wollen wir mit $V(H)_j$ bezeichnen, und da die zu durchlaufenden Zwischenstationen bzw. die zur Erreichung des jeweiligen Zieles auszuführenden Handlungsfolgen in der Regel eine negative Valenz und damit die Eigenschaften einer der Ausführung der jeweiligen Handlungsfolge entgegenwirkenden Kraft haben, wollen wir die mit -1 multiplizierte Gesamtvalenz der Handlungsfolge H_j als *Widerstand* (W_j)[59] bezeichnen.

Die Gesamtvalenz $V(H)_j$ der Handlungsfolge H_j ist definiert als die Summe der jeweils mit einem Gewichtungsfaktor $h_{j,i}$ multiplizierten Valenzen $V_{j,i}$ der bei der Handlungsfolge H_j zu durchlaufenden (Zwischen-) Situation $S_{s,i}$ bzw. der einzelnen Teilhandlungen $H_{j,i}$[60]:

$$(3) \quad V(H)_j = \sum_{i=1}^{\iota - 1} h_{j,i} * V_{j,i} \quad \text{und}$$

$$(3.1) \quad W_j = - V(H)_j$$

Der Gewichtungsfaktor $h_{j,i}$ wurde eingeführt, um die Tatsache berücksichtigen zu können, daß die Valenzen der zeitlich näher liegenden Situationen die Gesamtvalenzen der Handlungsfolge in der Regel in wesentlich stärkerem Maße bestimmen als die Valenzen der in fernerer Zukunft liegenden Situationen. Der Gewichtungsfaktor $h_{j,i}$ ist also eine (in der Regel wachsende) Funktion von t:

$$(3.2) \quad h_{j,i} = f(t), \text{ wobei in der Regel: } \frac{dh}{dt} > 0$$

Da die Valenz $V(H)_j$ einer Handlungsfolge H_j sich der Summe der Valenzen der zu durchlaufenden *Zwischen*-Situationen ergibt (also die Valenz V_0 der gegenwärtigen Situation sowie die Valenz $V_{s,\iota}$ der Zielsituation nicht mit enthält) geht der Laufindex der Summe nicht von 0 bis ι, sondern nur von 1 bis ι-1.

2.2.4 *Hypothesen über die zum Zeitpunkt t_0 ausgeführte Entscheidungshandlung*

Nach diesen Ausführungen können wir jetzt die folgenden Hypothesen aufstellen:

Hypothese 1 (angestrebte Zielsituation): Eine Person P wird das Eintreten (oder Bestehenbleiben) einer Situation (Erlangung oder Behalten eines Objektes) S um so stärker wünschen, je größer die Valenz der Situation (des Objektes) S ist.

Dieser Wunsch nach dem Eintreten einer bestimmten Situation (Erlangung eines bestimmten Objektes) impliziert eine Kraft K, die auf die Person P in Richtung auf die Erreichung der Situation (Erlangung des Objektes) S wirkt und die um so größer ist, je höher die Valenz V der Situation (des Objektes) S ist.

Daraus folgt:

Derivation 1: Die Person P wird vor allem das Eintreten derjenigen Situation (Erlangung desjenigen Objektes) S_{s*} wünschen, die im Vergleich zu den übrigen Situationen (Objekten) S_s die höchste Valenz hat, und sie wird um so eindeutiger eine bestimmte Situation (ein bestimmtes Objekt) S_{s*} anstreben, je höher die Valenz V_{s*} der Situation (des Objektes) S_{s*} ist und je größer die Differenz zwischen der Valenz V_{s*} der Situation (des Objektes) S_{s*} und der Valenz V_s der Situation (des Objektes) S_s mit der nächsthöheren Valenz ist.

und

Derivation 2: Die Person P wird eine Veränderung der gegenwärtigen Situation S_0 in Richtung auf die Erreichung einer bestimmten anderen Situation S_s um so stärker anstreben, je größer die Differenz zwischen der Valenz V_s der Situation S_s und der Valenz V_0 der gegenwärtigen Situation S_0 ist.

Hypothese 2 (Wahl einer Handlungsalternative): Die Kraft K_j, die auf eine Person P in Richtung auf die Durchführung einer bestimmten Handlungsfolge H_j zur Verwirklichung einer bestimmten Zielsituation S_ι wirkt, ist um so größer, je größer die Valenz V_ι der Zielsituation S_ι ist, je geringer der mit der Durchführung der Handlungsfolge H_j verbundene Widerstand W_j ist und je größer die subjektive Wahrscheinlichkeit ist, mit der Handlungsfolge H_j die Zielsituation S_ι zu erreichen.

Mathematisch ausgedrückt:

$$(4) \quad K_j = f[CV_\iota - W_j) * (R_j *_j SW_\iota)] \text{ und } f' > 0$$

oder, falls man berücksichtigen will, daß eine bestimmte Handlungsfolge auch zur Erreichung unterschiedlicher Zielsituationen S_s führen kann (wie es in den spiel- und entscheidungstheoretischen Experimenten in der Regel der Fall ist):

$$(4.1) \quad K_j = f[\sum_{s=1}^{\sigma} (V_{s,\iota} - W_j) * (R_{j,s}*_jSW_{s,\iota})] \quad \text{und} \quad f' > 0$$

wobei: σ = die Gesamtzahl der durch die Handlungsfolge H_j mit einer subjektiven Wahrscheinlichkeit $_jSW_{s,\iota} > 0$ erreichbaren Zielsituationen $S_{s,\iota}$.[61]

Wie leicht zu ersehen ist, stellt diese in Formel (4) bzw. (4.1) formulierte Hypothese eine Verallgemeinerung der den meisten heutigen entscheidungs- und spieltheoretischen Untersuchungen und Erklärungsversuchen zu Grunde liegenden "subjektiven Nutzenerwartungstheorie" (= SEU-Modell) von *Leonard J. Savage* dar (vgl. dazu die Ausführungen auf S. 5), wonach in einer Entscheidungssituation von einer Person P diejenige Handlung ausgeführt wird (bzw. ausgeführt werden sollte), für

die $\sum_{i=1}^{n} sp_i * u_i$ den (im Vergleich zu den übrigen zur Wahl stehenden Handlungs-

alternativen) höchsten Wert hat.[62]

Die subjektive Wahrscheinlichkeit (sp_i) in dem Modell von *Savage* entspricht dabei der subjektiven Wahrscheinlichkeit $_jSW_{s,\iota}$ unseres theoretischen Ansatzes (der Index i in dem SEU-Modell entspricht unserem Index s; der Index j ist in dem SEU-Modell nicht explizit angegeben, aber implizit enthalten, da unterschiedliche Handlungsfolgen zwar analysiert, aber nicht durch einen eigenen Index gekennzeichnet werden), und die Nutzenerwartungen u_i sind im Prinzip identisch mit den Valenzen der Zielsituationen $V_{s,\iota}$.[63]

So wie die "Werttheorie" sich als Grenzfall der Nutzentheorie und die "Nutzentheorie" sich als Grenzfall der "subjektiven Nutzenerwartungstheorie" erwies (vgl. die Ausführungen S. 5-6), so erweist sich also die "subjektive Nutzenerwartungstheorie" als ein Grenzfall des hier vorgeschlagenen theoretischen Ansatzes, und zwar unter den Annahmen, daß (1) die in der Entscheidungssituation von der Person P wahrgenommenen Handlungsalternativen alle positiv zur Erreichung der verschiedenen Zielsituationen beitragen ($R_{1,1} = R_{1,2} = \ldots R_{j,s} = +1$) und daß (2) alle Handlungsalternativen die Valenz $V(H)_j = 0$ oder weniger restriktiv: die gleiche Valenz haben ($V(H)_1 = V(H)_2 = \ldots V(H)_j$).[64]

Der hier vorgeschlagene theoretische Ansatz stellt somit eine (konsequente) Fortführung der Bemühungen, den Anwendungsbereich der Entscheidungstheorie zu erweitern, dar.

Aus der Hypothese 2 folgt:

Derivation 3: Die Person P wird zum Zeitpunkt t_o in einer Entscheidungssituation aus der Menge der von der Person P zu diesem Zeitpunkt wahrgenommenen Handlungsalternativen H_j diejenige Handlungsalternative H_{j*} auswählen, für die die Kraft K_{j*} im Vergleich zu der jeweiligen Kraft K_j der übrigen Handlungsalternativen H_j am größten ist[65], und die Wahl für H_{j*} wird um so eindeutiger ausfallen, je größer die Kraft K_j ist und je größer die Differenz zwischen der Kraft K_{j*} der Handlungsfolge H_{j*} und der Kraft K_j der Handlungsfolge H_j mit der zweitstärksten Kraft ist.

2.2.5 *Dynamisierung des Modelles (Berücksichtigung des zeitlichen Ablaufes: die Analyse der Entscheidungshandlung als Entscheidungsprozeß)*

Wir sind bei unseren bisherigen Überlegungen immer von einem ganz bestimmten Zeitpunkt t_o ausgegangen und haben versucht, die Frage zu beantworten, welche der verschiedenen zu diesem Zeitpunkt von der Person P wahrgenommenen Handlungsalternativen P wählen wird (vgl. die Frage auf S. 45). Wir hatten dabei die Einschränkung unserer Fragestellung auf einen bestimmten Zeitpunkt vor allem damit begründet, daß zum Zeitpunkt t_o der weitere Verlauf einer zu diesem Zeitpunkt begonnenen Handlungsfolge noch nicht eindeutig voraussagbar ist, da er ganz entscheidend beeinflußt wird von den Ereignissen, die während der Ausführung der Handlungsfolge eintreten und die zum Zeitpunkt t_o noch nicht oder nur bedingt voraussagbar sind (vgl. Anmerkung 42).[66]

Obwohl zwar solche prophetischen (das heißt unbedingten) Voraussagen über den künftigen Ablauf einer Handlungsfolge mit wissenschaftlichen Methoden nicht zu begründen sind, ist es aber wohl möglich, wissenschaftlich fundierte Voraussagen über den weiteren Verlauf einer bestimmten Handlungsabfolge bei Vorliegen bestimmter Bedingungen zu machen. Einige solcher Bedingungen, die sehr häufig während der Ausführung einer Entscheidungshandlung vorliegen und zu bestimmten, typischen Abläufen eines Entscheidungsprozesses von der Wahrnehmung eines (Entscheidungs-) Problemes bzw. von alternativen Handlungsmöglichkeiten bis zum Abschluß einer begonnenen Handlungsfolge führen, wollen wir im folgenden kurz erläutern.

Am Beginn einer Entscheidungshandlung steht oft eine *Problemsituation.* Eine solche Problemsituation ist dadurch gekennzeichnet, daß entweder (1) die gegenwärtige Situation für die Person P eine (stark) negative Valenz besitzt ($V_o \ll 0$) und die Person P im Falle des Nicht-Handelns (genauer: der Fortführung ihrer gegenwärtigen Aktivitäten) das Fortbestehen dieser unangenehmen Situation erwartet oder daß (2) die Person P erwartet bzw. befürchtet, daß (wiederum im Falle des Nicht-Handelns) zu einem künftigen Zeitpunkt t_t eine Situation mit stark negativer Valenz ($V_{t_-} \ll 0$) eintreten wird oder daß (3) die Person P eine künftige Situation S_t wahrnimmt, deren Valenz V_t im Vergleich zu der Valenz der gegenwärtigen Situation V_o stark positiv ist ($V_t - V_o \gg 0$).[67]

Eine Problemsituation ist weiterhin dadurch gekennzeichnet, daß die Person P keine oder nur sehr ungenügende Vorstellungen darüber besitzt, mit Hilfe welcher Handlungsfolgen das Eintreten bzw. Fortdauern der Situationen mit stark negativer Valenz vermieden oder das Eintreten der Situation mit stark positiver Valenz erreicht werden kann.

In einer solchen Problemsituation stehen der Person P zunächst prinzipiell zwei Klassen von Handlungsfolgen zur Verfügung: die Person P kann (1) sofort eine bestimmte Handlung ausführen, die ihr spontan einfällt und von der P annimmt, daß sie zur Vermeidung der unerwünschten bzw. zur Erreichung der erwünschten Situation führen könnte, oder P kann (2) versuchen, zunächst die Situation etwas genauer zu analysieren, und (mehr oder weniger intensiv) sowohl verschiedene Zielsituationen als auch verschiedene Handlungsmöglichkeiten zur Erreichung der einzelnen Zielsituationen suchen und gegeneinander abwägen, um dann zu einem späteren Zeitpunkt eine als besonders geeignet oder optimal angesehene Handlungsfolge auszuführen.

Diese beiden Klassen von Handlungsfolgen unterscheiden sich nur dadurch, daß im zweiten Fall die Handlungsfolge mit einem Suchprozeß beginnt, den wir (in Anlehnung an den allgemeinen Sprachgebrauch) als *Problemlösungsverhalten* bezeichnen wollen, während im ersten Fall lediglich diese erste Teilhandlung des Suchens einer geeigneten oder optimalen Alternative entfällt.[68]

Ob und in welchem Maße die in einer bestimmten (Problem-) Situation von der Person P ausgeführte Handlungsfolge mit einem Suchprozeß beginnt oder nicht, hängt von verschiedenen Faktoren ab, von denen wir einige der wichtigsten kurz nennen wollen:

Es hängt (1) davon ab, ob und in welchem Maße die Situation von P als Problemsituation empfunden wird, das heißt, ob und in welchem Maße P keine oder nur genügende Vorstellungen über "geeignete" Handlungsfolgen besitzt. Im Extremfall, wenn P (ohne weiteres Überlegen) sofort "weiß", welches die in dieser Situation geeignetste und daher auszuführende Handlungsfolge ist, liegt der Grenzfall einer Gewohnheitshandlung vor (vgl. die Ausführungen auf S. 40-41).[69]

Es hängt (2) davon ab, wie stark negativ die Valenz der gegenwärtigen Situation ist, oder wie nahe bevorstehend und wie stark negativ bzw. positiv eine künftige Situation von P wahrgenommen wird, das heißt, wie stark die Kraft in Richtung auf eine unverzügliche Ausführung einer bestimmten (Ziel-)Handlungsfolge ist.[70] Im Extremfall, wenn diese Kraft in Richtung auf die Ausführung einer bestimmten (Ziel-) Handlungsfolge sehr stark ist, liegt der Grenzfall einer emotionalen Handlung vor (vgl. die Ausführungen auf S. 41-42).

Es hängt (3) ab von der Bedeutung, die die angestrebte Zielsituation bzw. das erwartete Resultat der ausgeführten Handlungsfolge für P hat. Diese Bedeutung ist um so größer, (a) je mehr Teilbereiche aus dem gesamten Lebensbereich von P betroffen sind und (b) je weniger die Folgen einer bestimmten Handlungsfolge (nach Meinung von P) rückgängig zu machen sind. Die Wahl eines bestimmten Berufes, die Entscheidung für eine bestimmte Berufsausbildung oder die Wahl eines Ehepartners sind (in der Regel) bedeutungsvoller als der Kauf eines Autos (oder einer Tafel Schokolade), weil sie einen größeren Teil des gesamten Lebensbereiches umfassen, und die Wahl eines bestimmten Berufes, einer Berufsausbildung oder eines Ehepartners ist von besonders großer Bedeutung, wenn die getroffene Wahl (nach Meinung von P) später nicht mehr oder nur unter großen Schwierigkeiten revidierbar ist.

Es hängt (4) ab von bestimmten Persönlichkeitsmerkmalen der Person P, insbesondere davon, ob und inwieweit P dazu neigt, sein Leben bewußt und rational zu gestalten und zu planen[71], das heißt, ob und inwieweit P sich im Laufe seines Lebens Verhaltens- und Entscheidungsstrategien angeeignet hat, die darauf ausgerichtet sind, weit in die Zukunft zu planen (das entspricht dem *Lewinschen* Begriff der Zeitperspektive), kurzzeitige und vorübergehende Unannehmlichkeiten in Kauf zu nehmen, um dadurch später Zielsituationen mit höherer Valenz zu erreichen (das entspricht dem in der Soziologie bekannten und von *Louis Schneider* und *Sverre Lysgaard* eingeführten Begriff des "deferred gratification pattern") oder mögliche Nebenwirkungen und Folgen eigener Verhaltensweisen zu berücksichtigen.

Es hängt schließlich (5) auch noch davon ab, wie gern oder wie ungern die Person P ein solches Problemlösungsverhalten ausführt, das heißt, ob und in welchem Maße das Suchen nach alternativen Möglichkeiten und die genauere Analyse der Situation für die Person P eine positive oder eine negative Valenz besitzt bzw. entsprechende Elemente mit positiver oder negativer Valenz enthält.

Wir können diese Ausführungen zusammenfassen zu der *Hypothese*, daß die Person P in einer bestimmten Entscheidungssituation um so wahrscheinlicher die auszuführende Handlungsfolge mit einem Problemlösungsverhalten (das heißt dem Suchen nach geeigneten oder optimalen Handlungsalternativen) beginnen wird und daß dieses Problemlösungsverhalten um so intensiver bzw. um so länger sein wird: (1) je stärker die Situation von P als Problemsituation empfunden wird, (2) je geringer die Kraft in Richtung auf eine (unverzügliche) Ausführung einer bestimmten (Ziel-) Handlungsfolge ist, (3) je größer die Bedeutung der angestrebten Zielsituationen bzw. der auszuführenden Handlungsfolge ist, (4) je mehr P dazu neigt, sein Leben bewußt und rational zu gestalten und zu planen und (5), je höher bzw. je weniger negativ die Valenz eines solchen Problemlösungsverhaltens für P ist.

Mit der Entscheidung für eine bestimmte Zielsituation und (oder) für die Ausführung einer bestimmten Handlungsfolge zur Erreichung der angestrebten Zielsituation (mit oder ohne vorangegangenem Problemlösungsverhalten) tritt in der Regel eine starke Veränderung der in der Person P ablaufenden Prozesse ein. So wird z.B. der gesamte kognitive Apparat auf die Ausführung der gewählten Handlungsfolge ausgerichtet. Alternative Handlungsfolgen und alternative Zielsituationen verlieren erheblich an Bedeutung und damit auch an Valenz. Sobald die Entscheidung für eine Zielsituation und/ oder Handlungsalternative gefallen ist, wird das Anstreben alternativer Zielsituationen und/oder alternativer Handlungsfolgen (zumindest vorübergehend) abgeblockt.[72]

Hat die Person P die erste Teilhandlung ausgeführt, dann hängt der weitere Verlauf der gesamten Handlungsfolge davon ab, ob und in welchem Maße die tatsächlichen (wahrgenommenen) Ergebnisse dieser Teilhandlung mit den erwarteten Ergebnissen übereinstimmen.

Stimmen die (wahrgenommenen) Ergebnisse der gerade ausgeführten Teilhandlungen mit den zu Beginn der Ausführung dieser Teilhandlung von der Person P erwarteten Ergebnissen überein, dann wird P entsprechend seinem anfänglich konzipierten Plan die nächste Teilhandlung ausführen. Handelte es sich bei der soeben ausgeführten Teilhandlung um ein Problemlösungsverhalten oder enthielt diese Teilhandlung in der Vorstellung von P Aspekte von Problemlösungsverhalten (hoffte P z.B. bei der Ausführung dieser Teilhandlung weitere Informationen zu erhalten, die eine bessere und sichere Entscheidung über die künftigen Teilhandlungen ermöglichen), dann stimmt das Ergebnis dieser Teilhandlung mit den Erwartungen von P überein, wenn P am Ende dieser Teilhandlung genügend Information besitzt, um sich für die nächsten Teilhandlungen (oder zumindest die nächste Teilhandlung) entscheiden zu können. Wenn dagegen die (wahrgenommenen) Ergebnisse der gerade ausgeführten Teilhandlung mit den Erwartungen von P nicht übereinstimmen, dann liegt eine Problemsituation vor, und P wird (in der Regel) ein entsprechendes Problemlösungsverhalten ausführen. Handelte es sich bei der gerade ausgeführten Teilhandlung bereits um ein Problemlösungsverhalten, dann bedeutet Nicht-Übereinstimmung von Ergebnis und Erwartung, daß (mit der ausgeführten Handlung) keine realisierbaren Zielsituationen bzw. keine entsprechenden Handlungsalternativen zur Erreichung dieser Zielsituation gefunden wurden. In diesem Falle gibt es wiederum verschiedene Alternativen, für die sich P unter verschiedenen Bedingungen entscheiden wird.

Wenn P der Auffassung ist, daß auch ein weiterer Suchprozeß (= Fortführung des Problemlösungsverhaltens) kein brauchbares Ergebnis liefern wird, dann wird P entweder ein stark emotionales Verhalten zeigen (insbesondere dann, wenn zu einem starken Valenzgefälle ($V_1 - V_0 \gg 0$) noch die aus einer hohen Leistungsmotivation hervorgehende Empfindung des Mißerfolges hinzukommt[73]) oder aber P wird die angestrebte Zielsituation als nicht erreichbar aufgeben[74].

Ist P dagegen der Meinung, daß durch einen (erneuten) Suchprozeß eine geeig-

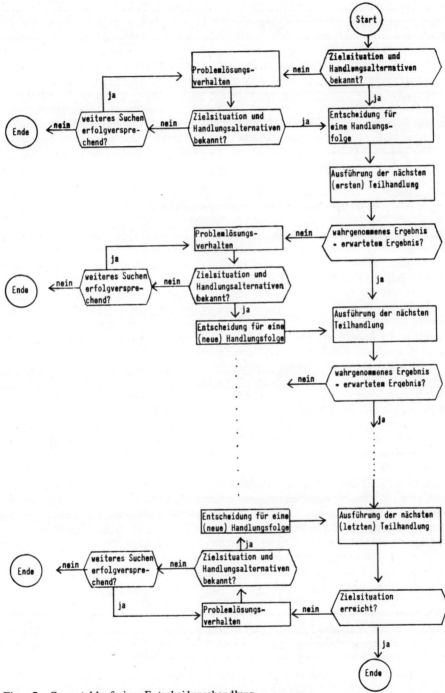

Figur 7   Gesamtablauf einer Entscheidungshandlung

nete Handlungsfolge zur Erreichung einer bestimmten Zielsituation oder eine modifizierte realisierbare Zielsituation gefunden werden kann, dann wird P einen entsprechenden Suchprozeß ausführen und den weiteren Ablauf der Handlungsfolge wiederum vom Ergebnis dieses Suchprozesses abhängig machen.

Dieser Vorgang der Prüfung, ob das eingetretene Ergebnis mit dem erwarteten Ergebnis übereinstimmt, und die Ausführung der nächsten "geplanten" Teilhandlung im Falle der Übereinstimmung bzw. die Ausführung eines entsprechenden Problemlösungsverhaltens (oder Abbruch der Handlungsfolge) bei Nichtübereinstimmung erfolgt jedesmal, wenn eine neue Teilhandlung abgeschlossen ist, und zwar so lange, bis die gewünschte Zielsituation erreicht oder als nicht erreichbar aufgegeben wurde.[75]

Der gesamte Ablauf eines Entscheidungsprozesses ist noch einmal in Figur 7 (siehe S. 59) dargestellt.

2.3   Der soziologische Teil der Theorie
(Die "soziologischen" Determinanten menschlicher Entscheidungshandlungen)

Eines der Grundaxiome unseres theoretischen Ansatzes lautet, daß zwischen der Beschaffenheit der sozialen und physikalischen Umgebung der Person P (dem Stimulus oder der Stimulusgeschichte) auf der einen Seite und dem Verhalten der Person P (dem Response) auf der anderen Seite keine direkte Beziehung besteht, sondern daß die Beschaffenheit der sozialen und physikalischen Umgebung der Person P das Verhalten der Person P nur insofern und nur in dem Maße bestimmt, als die Beschaffenheit der Umgebung in die "interne psychologische Struktur" (das heißt, in die kognitiven Vorstellungen, subjektiven Wahrscheinlichkeiten, Motive oder in die Valenzen) der Person P eingegangen ist.

Die in der Soziologie weitverbreitete Praxis, Hypothesen über die Beziehung zwischen bestimmten "soziologischen" Variablen wie Schichtzugehörigkeit, Schulbildung usw. auf der einen Seite und menschlichem Verhalten auf der anderen Seite zu entwickeln und empirisch zu testen, erscheint uns aus diesem Grunde wenig erfolgversprechend. Wir sehen darin vielmehr einen der Hauptgründe für das Vorliegen einer Vielfalt von sich widersprechenden oder isoliert nebeneinander stehenden Hypothesen und empirischen Befunden in fast allen von Soziologen untersuchten Themenbereichen.

Unseres Erachtens würde es erheblich zum wissenschaftlichen Fortschritt in der Soziologie beitragen, wenn Soziologen intensiver und systematischer als es bislang der Fall ist, die Beziehung zwischen (1) der Beschaffenheit der – gegenwärtigen und vergangenen – physikalischen Umgebung einer Person (oder mehrerer Personen), (2) der Beschaffenheit des sozialen Systems – insbesondere des Interaktions- und Kommunikationsnetzes – in dem sich diese Person (diese Person) befinden und (3) der internen psychologischen Struktur dieser Person (dieser Personen) analysieren würden und wenn sie dann – unter Anwendung psychologischer Theorien – versuchen würden, das Verhalten dieser Person (dieser Personen) zu erklären.

Es gibt zwar in der Soziologie eine ganze Reihe von Untersuchungen und Hypothesen speziell über den Einfluß des sozialen Systems, dem eine Person angehört, auf die kognitiven Vorstellungen, Motivationen, Valenzen usw. dieser Person. Die meisten dieser Arbeiten beschränken sich jedoch (1) auf die Frage nach der Entstehung bestimmter kognitiver Vorstellungen, Motivationen usw., ohne den notwendigen Bezug zu dem entsprechenden Verhaltensweisen herzustellen, oder, falls eine solche Verbindung zum Verhalten doch hergestellt wird, ohne explizit und ausreichend auf die vorhandenen psychologischen Verhaltens- und Entscheidungstheorien zurückzugreifen und/oder sie beschränken sich (2) auf die Analyse bestimmter phänotypisch unterscheidbarer Instanzen wie Familie, Schule, Nachbarschaft, Peergruppe usw.

Die entscheidenden Determinanten für die Entstehung und Veränderung der kognitiven Vorstellungen, Motivationen usw. einer Person sind jedoch die Art der Übermittlung und der Inhalt der Informationen, die eine Person im Laufe ihres Lebens durch die Interaktion mit anderen Personen erhält, und nicht solche Variablen wie Schichtzugehörigkeit der Familie, Art der besuchten Schule usw. Für diese Variablen ergeben sich wahrscheinlich nur deshalb in empirischen Untersuchungen immer wieder positive Korrelationen mit bestimmten kognitiven Vorstellungen, Motivationen (und natürlich auch Verhaltensweisen), weil sie in der Regel ganz bestimmte typische Kombinationen von Merkmalsausprägungen der relevanten Variablen darstellen.

So ist z.B. die Familie gewöhnlich der Ort, wo das Kind seine ersten Informationen erhält und die ersten und entscheidendsten Motivationen, Valenzen usw. entwickelt. Die Familie bestimmt darüber hinaus auch oft in entscheidendem Maße die Art und den Umfang des Zuganges zu anderen Informationsquellen, sie beeinflußt in starkem Maße die Wahl der Spielgefährten, Freunde und sonstigen Interaktionsparter, sie bestimmt die Religionszugehörigkeit, den Typ der besuchten Schule usw.

Ähnlich wie die Familie sind auch andere Instanzen wie Spielgruppe, Nachbarschaft, Schule usw. durch bestimmte typische Merkmale gekennzeichnet und üben daher bestimmte typische Einflüsse auf die Person aus. Das gleiche gilt für Variablen wie Schichtzugehörigkeit, Konfession, Vereinszugehörigkeit usw. und auch für Variablen wie Alter und Geschlecht: alle diese Variablen stellen typische Kombinationen bestimmter Einflußfaktoren dar und weisen deshalb oft positive oder negative Korrelationen mit bestimmten anderen Variablen auf.

Da es sich hier um einen im Gesamtzusammenhang unseres theoretischen Ansatzes sehr wichtigen Aspekt handelt, soll das Gesagte noch einmal an zwei Beispielen erläutert werden:

(1) Eine Hypothese, die oft empirisch überprüft worden ist und immer wieder bestätigt wurde, besagt, daß die Berufswünsche und -pläne einer Person positiv mit dem Beruf des Vaters dieser Person korrelieren.

Nach unserem theoretischen Modell ist die Valenz der Zielsituation eine entscheidende Determinante der Entscheidungshandlungen einer Person. Im Falle der Berufswahl (die eine solche Entscheidungshandlung darstellt) ist die Zielsituation identisch mit dem auszuübenden Beruf. Es erscheint nun recht plausibel, daß der Beruf des Vaters einen starken Einfluß auf die Valenzen der verschiedenen Berufe hat und daß in vielen Fällen (insbesondere dann, wenn der Vater mit seinem Beruf zufrieden ist und wenn die Bedürfnis- oder Motivstruktur von Vater und Sohn einander ähnlich sind) der Beruf des Vaters selbst eine im Vergleich zu den anderen Berufen hohe Valenz erhält. Die empirisch gefundene positive Korrelation zwischen den Berufswünschen und -plänen einer Person und dem Beruf ihres Vaters kann also mit Hilfe unseres theoretischen Ansatzes erklärt und vorausgesagt werden. Da aber diese Korrelation niemals gleich eins ist und immer auch eine große Zahl von Personen einen anderen Beruf als den Beruf ihres Vaters wählt, lautet die viel wichtigere Frage, welche Personen nun tatsächlich den Beruf des Vaters wählen, und vor allem, welche Personen einen anderen als den Beruf des Vaters wählen werden. Auf Grund unseres theoretischen Ansatzes würden wir voraussagen, daß in den Fällen, in denen der Beruf des Vaters die höchste Valenz hat (die Widerstände und subjektiven Wahrscheinlichkeiten wollen wir hier der Einfachheit halber unberücksichtigt lassen), die Person den Beruf des Vaters und in den anderen Fällen einen entsprechenden anderen Beruf wählen wird.

In einer kleinen Untersuchung, die wir bei 100 Abiturienten einiger Nürnberger Oberschulen durchführten, fanden wir, daß 20 der befragten Abiturienten den Beruf des Vaters und 80 einen anderen Beruf planten. Bei 17 von den 20 Abiturienten, die den Beruf des Vaters ergreifen wollten, hatte der Beruf des Vaters auch die höchste Valenz, während sich unter den übrigen 80 Abiturienten, die einen anderen als den Beruf des Vaters ergreifen wollten, nur 5 Personen befanden, für die der Beruf des Vaters die höchste Valenz hatte.

Das heißt also, daß durch die Anwendung einer psychologischen Entscheidungstheorie eine "soziologische" Hypothese nicht nur erklärt, sondern darüber hinaus noch erheblich präzisiert werden konnte.

(2) Eine andere Hypothese, die ebenfalls vielfach empirisch überprüft und immer wieder bestätigt worden ist, stammt aus der Literatur über räumliche Mobilität (Wanderungen) und besagt, daß die Zahl der Personen, die in einem bestimmten Zeitraum aus einem Gebiet A in ein anderes Gebiet B wandern (= ihren Wohnsitz von A nach B verlegen), eine inverse Funktion der Entfernung zwischen A und B ist. Diese Beziehung hat sich als so allgemein und als so einheitlich erwiesen, daß einige Wissenschaftler dazu übergingen, exakte mathematische Formeln für die Voraussage der Zahl der Wanderungen zwischen einzelnen Gebieten zu entwickeln, die sich als erstaunlich übereinstimmend mit den empirischen Befunden erwiesen (vgl. dazu z.B. *Samuel A. Stouffer,* 1940 und 1960; *George K. Zipf,* 1946, und *Stuart C. Dodd,* 1950).

Nach unserem theoretischen Modell ergibt sich diese starke negative Korrelation zwischen der Zahl der Wanderungen und der Wanderungsentfernung aus der (additiven) Wirkung der folgenden drei Variablen: (1) dem Vorhandensein von kognitiven Vorstellungen über bestimmte Gebiete, die detailliert und umfangreich genug sind, damit diese Gebiete von einer bestimmten Person P überhaupt als potentielle Zielsituation wahrgenommen werden können, (2) der Valenz der verschiedenen von der Person P wahrgenommenen Gebiete und (3) der Stärke des Widerstandes (das heißt, dem Umfang der zu überwindenden Schwierigkeiten und Hindernisse) gegen einen entsprechenden Wohnortwechsel (die subjektive Wahrscheinlichkeit kann hier unberücksichtigt bleiben, da jeder weiß, daß zur Erreichung der Zielsituation "Wohnen an einem anderen Wohnort" ein entsprechender Wohnortwechsel erforderlich ist und damit die subjektive Wahrscheinlichkeit, durch eine entsprechende Wanderung die gewünschte Zielsituation zu erreichen, in allen Fällen gleich eins ist).

Der Umfang der Kenntnisse über ein bestimmtes Gebiet sowie die Valenz dieses Gebietes korrelieren in der Regel negativ, der einer Wanderung in dieses Gebiet entgegenstehende Widerstand dagegen positiv mit der Entfernung dieses Gebietes zu dem gegenwärtigen Wohnort. Das heißt: je größer die Entfernung zwischen zwei Gebieten A und B ist, um so geringer ist in der Regel (1) das Wissen der Bewohner des einen Gebietes über die in dem anderen Gebiet gegebenen Verhältnisse, um so geringer ist also die Wahrscheinlichkeit, daß das andere Gebiet überhaupt als potentielle Zielsituation wahrgenommen wird; um so geringer ist in der Regel (2) die Valenz des anderen Gebietes, denn mit wachsender Entfernung nehmen im allgemeinen auch die Differenzen zwischen zwei Gebieten zu, und die meisten Menschen neigen dazu, eine Situation um so weniger zu schätzen, je stärker sich diese Situation von den bekannten und gewohnten Verhältnissen unterscheidet, und um so größer ist in der Regel (3) der einem Wohnortwechsel von A nach B entgegenstehende

Widerstand, da umfangreichere und aufwendigere Vorbereitungen zu treffen sind.

Auf Grund unseres theoretischen Ansatzes würden wir daher ebenfalls eine hohe negative Korrelation voraussagen zwischen der Zahl der Personen, die in einem bestimmten Zeitraum aus einem Gebiet A in ein anderes Gebiet B wandern einerseits, und der Entfernung zwischen den Gebieten A und B andererseits.

Wir würden aber auch voraussagen, daß eine solche negative Korrelation nur dann vorliegen wird, wenn tatsächlich mit wachsender Entfernung zwischen zwei Gebieten A und B die Valenz des jeweils anderen Gebietes sinkt und der einem Wohnortwechsel entgegenstehende Widerstand zunimmt, und wir würden insbesondere voraussagen, daß diese Hypothese nicht zutreffen wird in all jenen Fällen, in denen diese Zusatzbedingungen nicht gegeben sind.

Das ist z.B. der Fall bei Personen, die gerne etwas Neues sehen und kennenlernen möchten und die es lieben, Schwierigkeiten und Hindernissen zu begegnen und zu überwinden. Für diese Personen sind große Entfernungen daher in der Regel mit (im Vergleich zu den übrigen Personen) hoher Valenz und geringem Widerstand verbunden, und wir würden daher auf Grund unseres theoretischen Ansatzes voraussagen, daß diese Personen viel häufiger über große Entfernungen wandern werden als andere Personen, das heißt, wir würden voraussagen, daß die Hypothese, nach der die Zahl der Wanderungen mit wachsender Wanderungsentfernung abnimmt, für diesen Personenkreis nicht (oder in viel geringerem Maße als für andere Personen) zutrifft.

Genau diese Voraussage fanden wir in einer Untersuchung über internationale Wanderungen in der Bundesrepublik Deutschland (Wanderungen aus der BRD in andere Länder) bestätigt (vgl. dazu *Werner Langenheder*, 1968, S. 120-124).

Ähnlich wie bei dem Beispiel aus dem Bereich der Berufswahl konnte also auch in diesem Falle durch die Anwendung einer psychologischen Entscheidungstheorie eine "soziologische" Hypothese einerseits erklärt und andererseits präzisiert bzw. korrigiert werden, indem angegeben werden konnte, unter welchen Bedingungen diese Hypothese zutrifft und vor allem, unter welchen Bedingungen sie nicht zutrifft.

Nachdem wir im vorigen Abschnitt bereits den psychologischen Teil unserer Theorie dargestellt und dabei festgestellt haben, daß die Entscheidungshandlungen einer Person determiniert werden von den kognitiven Vorstellungen dieser Person über ihre Umwelt (über gegenwärtige und künftige Situationen), von ihren subjektiven Wahrscheinlichkeiten, ihren Motivationen und Bedürfnissen sowie ihren Valenzen, besteht nunmehr unsere nächste Aufgabe darin festzustellen, wodurch die kognitiven Vorstellungen, Motivationen usw. einer Person zustande kommen bzw. beeinflußt werden, insbesondere, welchen Einfluß die Beschaffenheit der (gegenwärtigen und vergangenen) physikalischen Umwelt sowie die Beschaffenheit des sozialen Interaktions- und Kommunikationsnetzes, in dem sich eine Person befindet, auf die kognitiven Vorstellungen, Motivationen usw. dieser Person hat.

Da es sich hierbei vorwiegend um soziale Phänomene und um Prozesse, die innerhalb des sozialen Interaktionssystems einer Person (oder mehrerer Personen) ablaufen, also um "soziologische" Variablen, handelt, wollen wir diesen Teil unserer Theorie als den soziologischen Teil bezeichnen.

Unsere nächste, sehr allgemein formulierte Hypothese über die Determinanten der internen psychologischen Struktur der Person P lautet:

Hypothese 3 (Determinanten der internen psychologischen Struktur): Die kognitiven Vorstellungen, Motivationen und Valenzen (und alle anderen Aspekte der internen psychologischen Struktur) einer Person P sind bestimmt: (1) durch die Summe der in der Vergangenheit von der Person P aufgenommenen Informationen (durch

eigene Erfahrung sowie durch Kommunikation mit anderen Personen) und (2) durch
die angeborene und biologische Beschaffenheit des Zentral-Nerven-Systems.

Obwohl die angeborenen und biologischen Merkmale des Zentral-Nerven-Systems
von großer Bedeutung sind und stets berücksichtigt werden müssen, wenn die Entstehung oder Veränderung bestimmter kognitiver Vorstellungen, Motivationen usw.
oder auch das Verhalten einer bestimmten Person P erklärt oder vorausgesagt werden soll, können wir uns damit an dieser Stelle nicht weiter befassen, sondern wollen uns beschränken auf die Formulierung einiger Zusatzhypothesen über den Einfluß der in der Vergangenheit von der Person P aufgenommenen Informationen
auf die interne psychologische Struktur.

Hypothese 3.1 (Einfluß der Informationen aus der Vergangenheit auf die interne
psychologische Struktur): Die Art und die Stärke des Einflusses, den die in der
Vergangenheit von der Person P aufgenommenen Informationen auf die kognitiven
Vorstellungen, Motivationen, Valenzen usw. ausüben, hängt ab (1) von dem Inhalt der dargebotenen Informationen, (2) von der Informationsquelle und von der
Art der Darbietung der Information, (3) von bestimmten Merkmalen der bereits
bestehenden internen psychologischen Struktur und (4) von der Relation der dargebotenen Information zur bereits bestehenden internen psychologischen Struktur.

Diese eher übersichtliche Hypothese wird durch die folgenden vier Teilhypothe-
sen noch etwas ausdifferenziert:

Hypothese 3.1.1 (Inhalt der dargebotenen Information): Der Inhalt der einer bestimmten Person P dargebotenen Informationen hängt vor allem ab (1) von der
"objektiven" Beschaffenheit der physikalischen und sozialen Umgebung, (2) von
der Position (dem Ort) der Person P innerhalb des gesamten sozialen Interaktionssystemes, das heißt, von der durch die jeweilige Position der Person P innerhalb
des sozialen Interaktionssystemes bestimmten Steuerung und Filterung des Zuganges zu bestimmten Informationen[76] über die "objektive" Beschaffenheit der physikalischen und sozialen Umgebung und (3) von den jeweiligen kognitiven Vorstellungen, Motivationen, Valenzen usw. der Interaktionspartner der Person P.

Hypothese 3.1.2 (Informationsquelle und Art der Darbietung der Informationen): Ob und in welcher Weise eine bestimmte dargebotene Information auch von
der Person P aufgenommen wird und damit zu einer Veränderung der kognitiven
Vorstellungen, Motivationen usw. führt, hängt vor allem ab (1) von der Stellung
und Relation dieser Information innerhalb des gesamten Kontextes der Stimulussituation (Wahrnehmungstheorie), (2) von der Häufigkeit der Darbietung dieser Informationen und (3) von dem Vertrauen der Person P in die Qualität und die Zuverlässigkeit der Informationsquelle ("credibility", "expertness", "trustworthiness" etc.).

Hypothese 3.1.3 (Persönlichkeitsmerkmale): Umfang und Art des Einflusses einer bestimmten dargebotenen Information auf die kognitiven Vorstellungen, Motivationen usw. einer Person P hängen auch ab von bestimmten "Persönlichkeitsmerkmalen" und einigen anderen weniger überdauernden Merkmalen der internen
psychologischen Struktur, so z.B. von der Rigidität der Person P, von ihrer Intelli-
genz und von ihrer Aufmerksamkeit, um nur einige wichtige Faktoren zu nennen.

Hypothese 3.1.4 (Relation zwischen dargebotener Information und bereits bestehender interner psychologischer Struktur): Die Art und der Umfang des Einflusses einer bestimmten dargebotenen Information auf die kognitiven Vorstellungen,
Motivationen usw. der Person P hängen ebenfalls ab von dem Verhältnis der dargebotenen Information zu der bereits bestehenden internen psychologischen Struktur.
Der Einfluß einer bestimmten dargebotenen Information auf die kognitiven Vorstel-

lungen, Motivationen usw. der Person P ist insbesondere um so größer (1) je größer die Konsistenz zwischen der dargebotenen Information und den im Gedächtnis der Person P bereits gespeicherten Informationen ist und (2) je mehr die dargebotene Information in Beziehung steht zu den von der Person P wahrgenommenen Handlungsalternativen zur Erreichung bestimmter Zielsituationen.

Diese Hypothesen könnten nun noch weiter präzisiert und differenziert werden (und ein intensives Studium der Literatur über die Entstehung und Änderung von Einstellungen würde sicher die Aufstellung eines differenzierteren und besseren Systems solcher Hypothesen liefern). Da unser Ziel hier jedoch darin besteht, die wesentlichen Grundzüge unseres theoretischen Gesamtsystems darzustellen, wollen wir hier nicht auf weitere Einzelheiten eingehen.

2.4 Zusammenfassung der beiden "Teiltheorien" zu einem (integrierten) Gesamtmodell

Nach der detaillierteren Darstellung des psychologischen Teiles und der wesentlich weniger detaillierten Darstellung des soziologischen Teiles unseres theoretischen Ansatzes zur Erklärung menschlicher (Entscheidungs-) Handlungen wollen wir nun abschließend diese beiden Teiltheorien in einer kurzen und übersichtsartigen Darstellung zu einem "integrierten" Gesamtmodell zusammenfassen.

Wie aus der Darstellung in Figur 8 (siehe S. 66) entnommen werden kann, sind zunächst drei Gruppen von Variablen zu unterscheiden: (1) die abhängige Variable, (2) die intervenierenden Variablen und (3) die unabhängigen Variablen.

Um hier eventuell auftretenden Mißverständnissen vorzubeugen, sei darauf hingewiesen, daß die Klassifizierung einer bestimmten Variablen als abhängig, intervenierend oder unabhängig nur in bezug auf eine bestimmte Fragestellung und in bezug auf ein bestimmtes theoretisches Modell erfolgen kann. Abhängige Variable ist stets das, was erklärt bzw. vorausgesagt werden soll, unabhängige Variable ist jede Variable, die auf Grund des theoretischen Modelles als Determinante der laut Fragestellung abhängigen Variablen angesehen wird[77] und intervenierende Variablen schließlich sind solche Variablen, die in bezug auf die Fragestellung und in bezug auf das theoretische Modell sowohl als abhängige als auch als unabhängige Variablen (im oben definierten Sinne) behandelt werden, und zwar in der Weise, daß sie einerseits als Determinanten (= unabhängige Variable) der laut Fragestellung abhängigen Variablen betrachtet und andererseits (innerhalb des theoretischen Gesamtmodelles) wiederum als von anderen Variablen abhängig angesehen und analysiert werden. Mit anderen Worten: intervenierende Variablen sind die Zwischenglieder einer aus mindestens drei Gliedern bestehenden Kausalkette, die ihrerseits definiert ist durch die Fragestellung und durch das theoretische Modell.

Soll also z.B. die Entstehung bestimmter Einstellungen erklärt werden, so ist die Einstellungsänderung die abhängige Variable und das Verhalten der Person eine der möglichen unabhängigen Variablen. Soll dagegen das Verhalten einer Person erklärt werden, dann ist das Verhalten die abhängige Variable und eine bestimmte Einstellung eine der möglichen unabhängigen (oder intervenierenden) Variablen.

Es ist jedoch auch möglich, daß in ein und derselben Arbeit sowohl die Determinanten bestimmter Handlungen als auch die Determinanten des Erwerbs be-

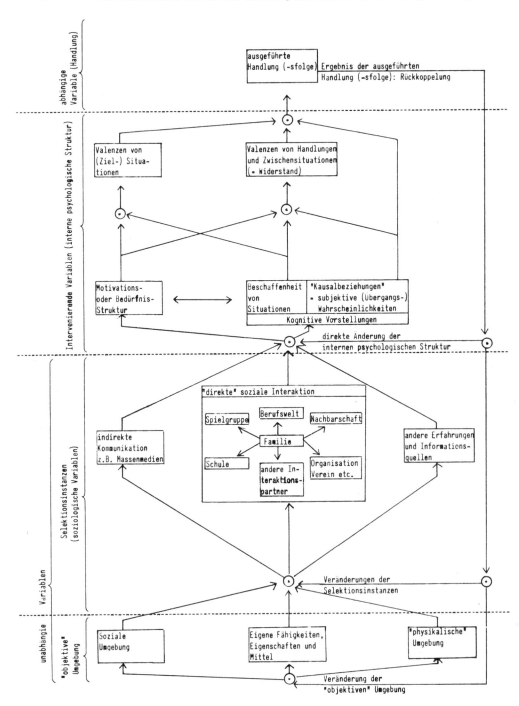

Figur 8   Schematische Darstellung des Gesamtmodelles

stimmter Einstellungen, insbesondere auch, daß die gegenseitigen Interdependenzen dieser beiden Variablen untersucht und analysiert werden sollen. Aber auch in diesen Fällen wird man, falls man Verwirrungen und daraus resultierende Fehlschlüsse vermeiden will, nicht darum herum kommen, die entsprechenden Fragen jeweils einzeln und nacheinander zu stellen und zu bearbeiten, das heißt zunächst eine der beiden Variablen als abhängige und die andere als unabhängige zu betrachten und zu analysieren und anschließend in einem zweiten Schritt die zuvor unabhängige Variable als abhängige und die zuvor abhängige Variable als unabhängige zu behandeln.

In dem hier vorgetragenen theoretischen Modell ist die abhängige Variable eine bestimmte (Entscheidungs-) Handlung bzw. Handlungsfolge einer Person P, deren Auftreten erklärt werden soll, die intervenierenden Variablen sind die kognitiven Vorstellungen, subjektiven Wahrscheinlichkeiten, Motivationen und Valenzen der Person P und die unabhängigen Variablen sind alle jene ("objektiven") Merkmale oder Eigenschaften der physikalischen und sozialen Umwelt, die in irgendeiner Beziehung stehen zu den Ergebnissen, die sich aus den einzelnen Handlungen der Person P ergeben, sei es, daß sie selbst dieses Ergebnis darstellen oder daß sie die Entstehung dieses Ergebnisses beeinflussen. Von besonderer Bedeutung innerhalb der Klasse der unabhängigen Variablen, und deshalb auch gesondert aufgeführt, sind die (sozialen) "Selektionsinstanzen", die (neben den "psychologischen" Mechanismen der Wahrnehmung) in ganz entscheidender Weise mitbestimmen, filtern und verzerren, welche Teile der ("objektiven") physikalischen und sozialen Umwelt von der Person P wahrgenommen werden und in welcher Weise sie wahrgenommen werden.

Zwischen den abhängigen, den intervenierenden und den unabhängigen Variablen bestehen nun die folgenden Beziehungen:

(1) Die (Entscheidungs-) Handlungen einer Person P oder genauer, die Handlungsabsichten und -pläne sowie der jeweilige Beginn einer Handlungsfolge von P sind bestimmt ausschließlich durch die interne psychologische Struktur (das heißt durch die kognitiven Vorstellungen, subjektiven Wahrscheinlichkeiten, Motivationen und Valenzen) der Person P.

(2) Die interne psychologische Struktur der Person P (ihre kognitiven Vorstellungen, Motivationen usw.) werden ihrerseits bestimmt (a) durch einige angeborene und biologisch bedingte Faktoren (die hier jedoch nicht weiter untersucht werden) und (b) durch die Erfahrungen und Informationen, die die Person P im Laufe ihres Lebens durch die Interaktion mit der physikalischen und sozialen Umwelt erhalten hat.

(3) Der Inhalt der Erfahrungen und Informationen, die die Person P durch die Interaktion mit der physikalischen und sozialen Umwelt erhält und der Einfluß dieser Erfahrungen und Informationen auf die Beschaffenheit der internen psychologischen Struktur werden bestimmt durch (a) die "objektive" Beschaffenheit der physikalischen und sozialen Umwelt, (b) durch die (sozialen) Selektionsinstanzen, die vor allem darüber entscheiden, welche Informationen über die "objektive" Beschaffenheit der physikalischen und sozialen Umwelt die Person P erreichen und (c) durch physiologische und psychologische Mechanismen der Wahrnehmung und der Informationsübertragung und -verarbeitung im Zentralnervensystem (die zu einer erneuten Selektion und Verzerrung der der Person P dargebotenen Informationen führen).

Es sind die Ergebnisse dieser beiden Stufen des Selektions- und Filterungsprozesses, die die interne psychologische Struktur der Person P bestimmen, und es ist die interne psychologische Struktur der Person P, die die (Entscheidungs-) Handlungen von P bestimmt.

Das bedeutet: wenn für zwei verschiedene Personen die Beschaffenheit der Umwelt unterschiedlich (gleich) ist, auf Grund der unterschiedlichen selektiven und verzerrenden Wirkung der sozialen Selektionsinstanzen und des Wahrnehmungsapparates die interne psychologische Struktur jedoch gleich (unterschiedlich) ist, werden diese beiden Personen die gleichen (unterschiedlichen) Handlungen ausführen.

An einem konkreten Beispiel erläutert heißt das: wenn eine Person P_1 der sozialen Oberschicht und eine andere Person P_2 der sozialen Unterschicht angehört, beide jedoch im Laufe ihres Lebens Erfahrungen und Informationen erhalten haben, die typisch sind für ein Mitglied der Oberschicht (oder irgendeiner anderen sozialen Schicht oder irgendeiner anderen sozialen Kategorie), dann werden beide Personen eine interne psychologische Struktur entwickeln und daher in bestimmten Situationen (Entscheidungs-) Handlungen ausführen, die typisch sind für Mitglieder der Oberschicht (der entsprechenden anderen sozialen Schicht oder sozialen Kategorie). Wenn dagegen auf der anderen Seite beide Personen P_1 und P_2 der sozialen Oberschicht angehören, P_1 jedoch Erfahrungen und Informationen erhalten hat, die typisch sind für Mitglieder der Unterschicht, und P_2 entsprechende Erfahrungen und Informationen erhalten hat, die typisch sind für Mitglieder der Mittelschicht, dann wird P_1 eine unterschichtentypische interne psychologische Struktur entwickeln und daher wie ein typischer Angehöriger der Unterschicht handeln, und P_2 wird entsprechend eine mittelschichtentypische interne psychologische Struktur entwickeln und daher wie ein typischer Angehöriger der Mittelschicht handeln.

Dieses Beispiel zeigt einen der großen Vorteile unseres theoretischen Modelles gegenüber der insbesondere in der Soziologie weitverbreiteten Praxis der Aneinanderreihung von Hypothesen der folgenden Art: "Angehörige der Oberschicht führen die Handlung A häufiger aus als Angehörige der Mittel- und Unterschicht" oder "Bei Angehörigen der Mittelschicht findet man das Merkmal B häufiger als bei Angehörigen der Unterschicht".

Was eine gute Theorie leisten sollte, ist nämlich nicht so sehr die Ermöglichung von Aussagen über typische Erscheinungen (denn das geht oft kaum über eine Aufzählung von "Selbstverständlichkeiten" hinaus, die sowieso schon jeder weiß), sondern die Ermöglichung von Aussagen über die Bedingungen, unter denen eine Person P (oder mehrere Personen) bestimmte, für eine bestimmte soziale Kategorie typische Handlungen ausführen wird und noch wichtiger: die Ermöglichung von Aussagen über die Bedingungen, unter denen eine Person (oder mehrere Personen) Handlungen ausführen wird, die von den für eine bestimmte soziale Kategorie typischen Handlungen abweichen sowie Aussagen darüber, welche Personen abweichende oder atypische Handlungen ausführen werden.

Eines der Hauptziele bei der Ausarbeitung dieses theoretischen Modelles bestand daher darin, einige brauchbare Hinweise, Ansatzpunkte und Anregungen zu erhalten über die Bedingungen, nach denen Ausschau zu halten ist, wenn es darum geht, die bestehenden theoretischen Ansätze zur Erklärung menschlicher (Entscheidungs-) Handlungen zu verbessern.

Anmerkungen

1 Eine ausführliche Diskussion der Funktion und Bedeutung allgemeiner Theorien in den Sozialwissenschaften findet sich bei *Karl-Dieter Opp* (1970, Kap. I, S. 10-35). Vgl. dazu auch die Ausführungen bei *Werner Langenheder* (1968, S. 68-72).

2 Vgl. dazu z.B. *Robert K. Merton* (1957, S. 87-93) und *Hans Albert* (1964, S. 45-46), sowie die dort angegebene Literatur.

3 Im einfachsten Fall liegt nur eine Variante vor, und das Individuum hat zu wählen, ob es spielen oder ob es nicht spielen will.

4 Die Auszahlungsmatrix bei Nichtspielen besteht aus lauter Nullen, da das Individuum für jeden möglichen Zustand des Spieles weder etwas gewinnen noch etwas verlieren wird.

5 Der erwartete Wert (Value) einer Alternative ergibt sich nach der Formel:

$$EV = \sum_{i=1}^{n} p_i * x_i,$$

wobei

p_i = Wahrscheinlichkeit, daß Zustand i eintritt,

x_i = Auszahlung (Höhe des Gewinnes bzw. Verlustes), wenn Zustand i eintritt, und

n = Summe aller möglichen Zustände der jeweiligen Alternative.

6 So besagt z.B. die Hypothese vom abnehmenden Grenzertrag, daß der zusätzliche Nutzen einer jeden zusätzlichen Werteinheit abnimmt; mit anderen Worten, daß der Nutzen eine konkave oder negativ wachsende Funktion des Wertes ist.

7 Bei *Atkinson* "incentive" oder genauer: eine positive Funktion von "strength of motive" und "incentive".
Dabei bedeutet "incentive" den objektiven Wert der Belohnung, während "strength of motive" einen Gewichtungsfaktor darstellt, der die jeweilige subjektive Bewertung der Belohnung bestimmt.

8 Einen ebenfalls recht guten und umfassenden Überblick über die verschiedenen verhaltens- und lerntheoretischen Ansätze in der Psychologie mit dem Ziel, daraus einen "integrierten" theoretischen Ansatz zur Erklärung menschlichen (sozialen) Verhaltens zu entwickeln, lieferte *Franz Josef Stendenbach* (1963). *Stendenbach* unterscheidet dabei ebenfalls zwei Hauptrichtungen, die inhaltlich mit den von *Atkinson* unterschiedenen Hauptrichtungen nahezu völlig identisch sind und sich nur in der Bezeichnung unterscheiden (die Trieb-Habit-Theorie heißt bei *Stendenbach* S-R-Theorie, und die Wert-Erwartungs-Theorie nennt *Stendenbach* kognitive Theorie). Siehe auch *Hans Hummell* (1969).

9 Eine solche Aussage kann leicht in der Weise mißverstanden werden, als würde hier der Versuch unternommen, alle zwischen den verschiedenen theoretischen Ansätzen bestehenden (inhaltlichen) Unterschiede zu verwischen und so zu tun, als wären alle diese Unterschiede nur scheinbare oder unwesentliche. Es kann und soll hier jedoch keinesfalls in Frage gestellt werden, daß zwischen den einzelnen theoretischen Ansätzen im Detail erhebliche Unterschiede und zum Teil sogar echte Gegensätze bestehen, und wenn gesagt wurde, daß die Unterschiede zwischen den Trieb-Habit-Theorien und den Wert-Erwartungs-Theorien weniger inhaltlicher als vielmehr methodischer Art sind, dann sollte damit nicht gesagt werden, daß es keine inhaltlichen Unterschiede gibt, sondern nur, daß die inhaltlichen Unterschiede ihren Grund vor allem in den Unterschieden in den wissenschaftstheoretischen Grundauffassungen haben und sich zu einem erheblichen Teil aus eben diesen unterschiedlichen wissenschaftstheoretischen Auffassungen ergeben.

10 Vergleiche dazu auch z.B. *Edward C. Tolman* (1959, S. 134-135), wo *Tolman* selbst eine sehr große Ähnlichkeit zwischen seinem Verhaltensmodell und der Theorie von *Clark L. Hull* feststellt, gleichzeitig aber auch auf einige wichtige Unterschiede hinweist.

11 Die "psychologische Distanz" ist ein wenig präziser Begriff für *Lewin*. Er enthält sowohl Aspekte der räumlichen und zeitlichen Distanz (so, wie sie in der Vorstellung des Individuums bestehen) zwischen der gegenwärtigen Situation und einer "Zielsituation", als auch den Grad der "Zentralität" der Zielregion.
Der in dieser Konzeption enthaltene Grundgedanke ist eng verwandt mit dem von *Clark L. Hull* eingeführten Terminus des Zielgradienten (gradient of reinforcement). Siehe dazu auch z.B. das

eng an *Lewin* angelehnte Modell von *Bernd Spiegel* (1961, S. 65-67), in dem die Kraft
(= Zielgradient) dargestellt wird als der Anstiegswinkel in einem rechtwinkligen Dreieck, wobei die Basiskathete die psychologische Distanz und die vertikale Kathete die Valenz darstellt:

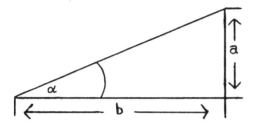

a = Valenz der Zielregion
b = Distanz zwischen der gegenwär-
    tigen Situation und der Ziel-
    situation
α = Zielgradient

12 Da unter Lokomotion bei *Tolman* häufig auch die tatsächliche Durchführung der ersten
Schritte einer Handlungsfolge verstanden wird, ist die Abgrenzung der intervenierenden Variablen "Lokomotion" von der abhängigen Variablen "Handlung" nicht immer ganz klar.
13 *Tolman* spricht in diesem Zusammenhang außer von der Vorstellungs-Wert-Matrix für
eine Kultur" (modal matrix for a culture), die die kulturell und sozial bestimmten Vorstellungs-
und Wertsysteme, die von einer Gruppe von Individuen geteilt werden, darstellt.
14 *Tolman* nennt diese Variable "drive-stimulation" um anzudeuten, daß es sich hier um
eine Variable handelt, die sowohl den Aspekt des Triebes als auch den Aspekt eines – inneren –
Stimulus enthält.
15 Diese Komponente ist im Prinzip identisch mit dem in den entscheidungs- und spieltheoretischen Ansätzen gebräuchlichen Begriff der "subjektiven Wahrscheinlichkeit".
16 Siehe dazu auch die übrigen im Rahmen des "Tübinger Symposions über Motivation"
gehaltenen und wie die Arbeit von *Heckhausen* im Band 10 der Zeitschrift für experimentelle
und angewandte Psychologie abgedruckten Referate und Kommentare, insbesondere das Refe-
rat von *Rainer Fuchs* über die "Funktionsanalyse der Motivation" (S. 626-645).
17 Man denke z.B. an *Ferdinand Tönnies'* "Gemeinschaft und Gesellschaft", an *Georg
Simmels* Konzept der formalen Soziologie, an *Alfred Vierkandts* "Gesellschaftslehre" oder an
Leopold von Wieses "System der allgemeinen Soziologie" im deutschen Sprachbereich sowie
an *William G. Sumners* "Folkways", an *William F. Ogburns* Theorie des sozialen Wandels oder an
Pitirim A. Sorokins Theorie der sozialen und kulturellen Dynamik im englischen Sprachbereich.
Nicht genannt sind hier Personen wie *Emile Durkheim, Max Weber, Theodor Geiger* und andere, die zwar sehr stark empirische Forschungen betrieben, aber keine allgemeine soziologische
Theorie entwickelten.
18 Diese Aussage geht zurück auf die bereits von *Emile Durkheim* (1895/1961, S. 193)
aufgestellte Behauptung: "Die bestimmende Ursache eines soziologischen Tatbestandes muß
in den sozialen Phänomenen, die ihm zeitlich vorausgehen, und nicht in den Zuständen des
individuellen Bewußtseins gesucht werden."
19 Zum Problem der Reduktion (von Soziologie auf Psychologie) siehe z.B.: *John G.
Kemeny* und *Paul Oppenheim* (1956), *Ernest Nagel* (1961, Kap. 11, S. 336-397), *Paul K.
Feyerabend* (1962), *Kenneth F. Schaffner* (1967) und *Karl-Dieter Opp* und *Hans J. Hummell*
(1971).
20 Vergleiche hierzu auch z.B. *Karl-Dieter Opp* und *Hans J. Hummell* (1971).
21 In der Zwischenzeit sind zwar von *Parsons* selbst als auch von seinen Mitarbeitern mehrere Arbeiten erschienen, in denen zahlreiche Modifikationen und auch Ergänzungen zu dem
in "Toward a General Theory of Action" dargestellten Begriffssystem vorgenommen werden.
Vgl. insbesondere *Talcott Parsons* und andere (1953) und *Talcott Parsons* (1960). Da die hier
darzustellende Grundkonzeption jedoch im wesentlichen gleich geblieben ist, und da "Toward
a General Theory of Action" eine besonders gute und systematische Darstellung des *Parsons*-
schen Konzeptes enthält, wollen wir uns im folgenden auf diese Arbeit beziehen.
22 Vgl. dazu auch die Ausführungen über das Problem der Reduktion von Soziologie auf
Psychologie S. 26-27).
23 Dieser Begriff ist nahezu identisch mit dem *Lewin*schen "Lebensraum" und dem
*Tolman*schen "Behavior Space".

24 Der theoretische Ansatz von *Homans* wurde zuerst entwickelt in dem 1961 erschienenen Buch "Social Behavior: Its Elementary Forms" (*George C. Homans*, 1961). Eine kurze, zusammenfassende Darstellung seiner Theorie mit geringfügigen Modifikationen lieferte *Homans* 1 Jahr später auf dem 5. Weltkongreß für Soziologie (*George C. Homans*, 1962), und eine dritte, wieder etwas ausführlichere Arbeit mit weiteren leichten Modifikationen folgte 1967 (*George C. Homans*, 1967). Wir werden uns im folgenden vor allem auf die Arbeit von 1967 beziehen. Ein dem theoretischen Ansatz von *Homans* sehr ähnlicher Ansatz wurde von Franz Josef *Stendenbach* entwickelt (vgl. *Franz Josef Stendenbach*, 1963, insbesondere S. 236-245). Da der Ansatz von *Stendenbach* jedoch nur geringfügige Modifikationen und Ergänzungen zu dem Ansatz von *Homans* bringt, soll er hier nicht gesondert dargestellt werden.

25 Die Variable "Kosten" kommt in den Grundhypothesen der *Homans*schen Theorie selbst nicht vor, sondern nur in den Erläuterungen zu den einzelnen Hypothesen. Sie hängt sehr eng zusammen mit der Variablen "Belohnungs- bzw. Bestrafungswert". In den Erläuterungen zu den einzelnen Hypothesen spricht *Homans* gelegentlich auch von dem "Nettobelohnungswert" oder "Profit" einer Handlung, wobei der "Nettobelohnungswert" bzw. "Profit" errechnet wird aus dem Belohnungswert minus dem Bestrafungswert bzw. den Kosten.

26 Weitere in dem theoretischen Ansatz von *Homans* zentrale Variablen sind: (1) emotionales Verhalten, insbesondere Ärger und (2) die Diskrepanz zwischen erwartetem und tatsächlichem Belohnungs- bzw. Bestrafungswert einer Handlung. Da beide Variablen jedoch zur Erklärung eines bestimmten Aspektes, einer Begleiterscheinung des menschlichen Verhaltens (nämlich der emotionalen Komponente) dienen, die uns hier interessiert, soll an dieser Stelle nicht weiter darauf eingegangen werden.

27 Außer den 4 angeführten Hypothesen enthält der Ansatz von *Homans* noch eine fünfte, die "Frustrations-Aggressions"-Hypothese, die jedoch in unserem Zusammenhang nicht interessiert und daher ausgelassen wurde (vgl. Anmerkung 26).

28 In den Hypothesen tauchen zwar Variablen wie "Wert" und "Erwartung" auf. Diese werden jedoch operational so definiert, daß sie ausschließlich mit Hilfe "beobachtbarer Fakten" (motorisches Verhalten der Person und Beschaffenheit der Situation) meßbar sind (vgl. dazu insbesondere *George C. Homans*, 1961, S. 39-49 und *George C. Homans*, 1967, S. 37-38 und S. 39).

29 Die Entstehung von sozialem Einfluß und sozialer Anerkennung wird auch bereits von *George C. Homans* in genau der gleichen Weise erklärt (vgl. *George C. Homans*, 1961, Kap. 5 und 8, S. 83-111 und S. 145-163).

30 Dieser Aspekt der Begrenzung, allerdings weniger in bezug auf die zur Verfügung stehende Zeit und Energie als vielmehr in bezug auf die kognitiven Fähigkeiten, taucht unseres Wissens nur noch in dem entscheidungstheoretischen Konzept von *Herbert A. Simon* (1955) als ein zentraler Gesichtspunkt bei der Erklärung menschlichen Verhaltens auf (vgl. dazu auch die Ausführungen auf S. 7-8).

31 Bislang haben wir die Symbole "Verhalten" und "Handlung" synonym verwandt. Da jedoch "Verhalten" oft in einem weiteren Sinne und "Handlung" häufig im Sinne von Entscheidungs-Handlung gebraucht wird, wollen wir von nun an, um unnötige Mißverständnisse zu vermeiden, nur noch von "Entscheidungs*handlungen*" sprechen.

32 Hierzu wird vielleicht manch einer einwenden, daß eine Definition, genauer: eine Nominal-Definition (um die es sich hier handelt) eine "willkürliche" Setzung ist und daher kaum Schwierigkeiten, jedenfalls keine erheblichen Schwierigkeiten, bereiten kann. Dabei wird jedoch in der Regel vergessen, daß die wesentliche Funktion einer (Nominal-) Definition darin besteht, eine (präzise) Formulierung und damit die (präzise) Kommunikation einer theoretischen Aussage zu ermöglichen. Da in unserem Falle die Definition des Begriffes "Entscheidungshandlung" die (sehr wichtige) Funktion der möglichst präzisen (und nicht tautologischen) Abgrenzung des Anwendungsbereiches der im folgenden darzustellenden Theorie hat, liegt also das Problem in der Schwierigkeit dieser Abgrenzung.

33 Dies ist im wesentlichen identisch mit dem von *Kurt Lewin* eingeführten Begriff "Lebensraum" oder dem in der Soziologie stärker verbreiteten Begriff "Definition der Situation".

34 Ein Einfluß auf die Beschaffenheit der Umwelt z.B. liegt also auch dann vor, wenn das Eintreten einer (durch andere Faktoren hervorgerufenen) Veränderung der Beschaffenheit der Umwelt verhindert wird.

35 Zur Definition von (menschlichem) Verhalten allgemein und insbesondere zur Frage der Subsumierung kognitiver Aktivitäten unter den Begriffen "Verhalten" siehe auch *Werner Langenheder* (1968, S. 80-82).

36 Vgl. dazu auch S. 3-4, wo das Grundproblem, von dem im wesentlichen alle entscheidungs- und spieltheoretischen Ansätze ausgehen, kurz beschrieben wird.

37 Zum Problem der Definition oder Abgrenzung von Handlungseinheiten siehe S. 42-44.

38 Aus der Definition für Entscheidungshandlungen und den bisherigen Ausführungen könnte der Eindruck entstanden sein, daß Entscheidungshandlungen nur dann vorliegen, wenn eine *bewußte* Abwägung zwischen alternativen Handlungsmöglichkeiten erfolgt. Das ist jedoch nicht der Fall. Auch wenn der Entscheidungsprozeß und die Abwägung zwischen alternativen Möglichkeiten unbewußt abläuft, liegt eine Entscheidungshandlung vor. Hier tauchen allerdings erhebliche Meßprobleme auf, denn solange und in dem Maße, in dem es nicht gelingt, den unbewußt ablaufenden Entscheidungsprozeß empirisch nachzuweisen und genau zu messen, bleiben theoretische Aussagen dazu reine Spekulation. Wir schließen also die Möglichkeit unbewußter Entscheidungshandlungen nicht aus, möchten jedoch solche unbewußt ablaufenden Handlungen nur dann und nur soweit explizit als Entscheidungshandlungen definieren, wenn und insoweit Meßverfahren vorliegen, die eine empirische Analyse dieser unbewußt ablaufenden Prozesse ermöglichen.

39 Es ist durchaus möglich und sogar wahrscheinlich, daß in solchen Fällen häufig wiederholter gleicher Handlungsabläufe mit gleichen (positiven) Ergebnissen so etwas wie ein biologischer Regelkreis aufgebaut wird, der sich von den übrigen (angeborenen) biologischen Regelkreisen nur dadurch unterscheidet, daß er (1) durch Erfahrungen erworben (erlernt) wurde und daß er (2) durch neue (andere) Erfahrungen jederzeit wieder aufgelöst oder stark modifiziert werden kann. Dieser zweite Unterschied ist aber im wesentlichen nur ein gradueller, denn auch die (angeborenen) biologischen Regelkreise sind durch Erfahrungen modifizierbar und die erworbenen Regelkreise können unter Umständen gegenüber Änderungseinflüssen extrem resistent sein.

40 Diese einseitige und völlig ungenügende Informationsaufnahme und -verarbeitung führt oft dazu, daß die Person im Zustand starker emotionaler Erregung Handlungen ausführt, die sie bei nüchterner oder "rationaler" Überlegung nicht ausführen würde. Solche im Zustand emotionaler Erregung ausgeführten Handlungen werden daher auch häufig als "*irrational*" bezeichnet und das Auftreten solcher "irrationaler" Verhaltensweisen als eine Widerlegung (bzw. Einschränkung des Geltungsbereiches) theoretischer Aussagen interpretiert. Es sei dagegen hier noch einmal mit Nachdruck betont, daß die in der Definition für Entscheidungshandlung geforderte Abwägung alternativer Handlungsmöglichkeiten weder beinhaltet, daß diese Abwägung "objektiv" richtig, noch daß sie auf Grund aller verfügbaren Informationen erfolgt. Entscheidend ist nur, daß eine Abwägung erfolgt, wie unzureichende diese auch sein mag und wie stark die tatsächlichen Ergebnisse der Handlung auch von den erwarteten abweichen mögen, und unabhängig davon, ob ein (neutraler) Beobachter oder auch die Person selbst zu einem früheren oder späteren Zeitpunkt in der gleichen Situation (aber unter Verwendung anderer Informationen bzw. einer veränderten Verarbeitung der Informationen) die gleiche Handlungsalternative wählen würde oder nicht.

41 Wir gehen also davon aus, daß die Person P eine bestimmte Menge von Handlungsalternativen wahrnimmt und fragen nicht, wie die Wahrnehmung dieser Handlungsalternativen zustande gekommen ist bzw. welche Faktoren dazu führen, daß oder ob bestimmte (bzw. welche) Handlungsalternativen wahrgenommen werden.

42 Ob eine begonnene Handlungsfolge auch zu Ende geführt wird bzw. ob sie genau so ausgeführt wird, wie sie zum Zeitpunkt t_0 von der Person P geplant ist, hängt entscheidend davon ab, ob und in welchem Maße während der Ausführung der Handlungsfolge Ereignisse auftreten, die P zum Zeitpunkt t_0 nicht erwartet hat. Ob solche von den Erwartungen der Person P abweichende Ereignisse eintreten werden, kann jedoch zum Zeitpunkt t_0 noch nicht oder nur sehr bedingt vorausgesagt werden (je weniger sorgfältig P den Sachverhalt analysiert hat und je mehr die Vorstellungen von P der Realität widersprechen, um so größer ist natürlich die Wahrscheinlichkeit, daß P Überraschungen erleben wird und deshalb seine Vorstellungen und damit möglicherweise auch die geplante Handlungsfolge korrigieren muß). Die Frage solcher künftiger Änderungen einer begonnenen Handlungsfolge auf Grund neuer Informationen, das heißt die Ausdehnung der Analyse auf einen längeren Zeitabschnitt, werden wir weiter unten (auf S. 56-59) kurz behandeln.

43 Bei der "Zielsituation" $S_{s,t}$ kann es sich auch um eine Situation handeln, die die Person P nicht anstrebt, sondern deren Eintreten P verhindern möchte. Eine solche Situation wollen wir "negative Zielsituation" $S(-)_{s,t}$ nennen.

44 Zur Kennzeichnung des Endes eines Laufindexes wählen wir griechische Buchstaben. Die Zielsituation erhält daher als Index den griechischen Buchstaben $_\iota$, während die Zwischensituationen mit dem lateinischen Buchstaben i gekennzeichnet werden.

45 Die Indizes vor "SW" dienen zur Kennzeichnung der Handlungseinheit, auf die sich die subjektive Wahrscheinlichkeit bezieht (ist die gesamte Handlungsfolge gemeint, so fällt der Index i zur Kennzeichnung der jeweiligen Teilhandlung fort), und die Indizes hinter "SW" dienen zur Kennzeichnung der Situation, deren Eintreten durch die gegebene Handlung von P erwartet wird (die Verwendung von i* soll darauf hinweisen, daß die im Zeitabschnitt t_i begonnene Handlungseinheit $H_{j,i}$ über mehrere Zeitabschnitte andauern kann und die aus der Handlungseinheit $H_{j,i}$ hervorgehende Situation sich daher auf einen späteren Zeitabschnitt t_{i+n} beziehen und damit i* ≠ i sein kann).

46 Diese hier vorgenommene differenzierte Indizierung der einzelnen Variablen impliziert nicht die Behauptung, daß die Person P in jeder Entscheidungssituation entsprechend differenzierte Vorstellungen besitzt. Die differenzierte Indizierung wird nur vorgenommen, um *auch* für den Fall, daß die Person P sehr differenzierte Vorstellungen besitzt, eine eindeutige Zuordnung und Kennzeichnung der relevanten Variablen zu ermöglichen.

47 Diese Bedingungen ergeben sich daraus, daß die Gewichte g_l und $g_{l,k}$ Anteile darstellen und sollen nur besagen, daß sich die Gesamtsumme der einzelnen Anteile jeweils zu 1 addieren muß.

48 Daß dieser Abschnitt nicht eine korrekte Wiedergabe der tatsächlichen Beschaffenheit der Situation sein muß, sondern erhebliche Verzerrungen enthalten kann, dürfte bereits genügend klar aus den bisherigen Ausführungen hervorgegangen sein. Ob, wie stark und in welcher Weise die Vorstellungen der Person P über die Situation von der "objektiven" Beschaffenheit der Situation abweichen, ist eine Frage, die nur durch eingehende Untersuchungen im Bereich der Wahrnehmungspsychologie beantwortet werden kann.

49 Eine Situation hat in der Wahrnehmung oder Vorstellung von P stets eine bestimmte, mehr oder weniger große zeitliche Ausdehnung. Das heißt, die Person nimmt die Umwelt nicht in einem ständigen Fluß befindlich wahr, sondern unterteilt den vergangenen und künftigen Zeitablauf ein in mehr oder weniger große zeitliche Abschnitte. Wenn wir also im folgenden von einer bestimmten Situation zu einem bestimmten Zeit*punkt* sprechen, so ist damit immer auch implizit ein bestimmter Zeitabschnitt gemeint.

50 Diese Formulierung entspricht noch nicht ganz der tatsächlichen Beschaffenheit des "Kausal"-Modelles, sondern enthält eine nicht unwesentliche Vereinfachung dadurch, daß wir uns auf bestimmte gegebene Bedingungen beziehen. In das tatsächliche "Kausal"-Modell der Person P gehen aber auch noch Vorstellungen darüber ein, mit welcher Wahrscheinlichkeit das Vorliegen bestimmter Bedingungen zu erwarten ist. Da dieses Problem aber unseres Wissens bislang in der Literatur nicht (oder zumindest nicht in diesem Zusammenhang) untersucht wurde und da wir auch an dieser Stelle keine Möglichkeit sehen, diesen Aspekt in unser Modell einzubauen, ohne es ungebührlich zu komplizieren, wollen wir uns im folgenden darauf beschränken, davon auszugehen, daß die jeweiligen Bedingungen entweder vorliegen oder nicht vorliegen, ohne eine entsprechende Wahrscheinlichkeitsabstufung zu berücksichtigen (vgl. dazu auch Anmerkung 53 auf S. 74).

51 Es spricht vieles dafür, daß die subjektiven Wahrscheinlichkeiten "das geronnene Ergebnis der Erfahrungen aus der Vergangenheit" (einschließlich der durch direkte oder indirekte Kommunikation mit anderen Personen erhaltenen Informationen) sind, das heißt, daß die subjektiven Wahrscheinlichkeiten eine sehr wichtige (von der traditionellen Lerntheorie, insbesondere den behavioristisch orientierten "Trieb-Habit-Theorien", nicht oder zu wenig berücksichtigte) intervenierende Variable zwischen Stimulussituation und Response darstellen.
Viele der Schwierigkeiten, denen die behavioristisch orientierten Lerntheorien gegenüberstehen, würden durch eine explizite Berücksichtigung der subjektiven Wahrscheinlichkeiten (und damit des internen "Kausal"-Modelles der Person P) als Ergebnis der Erfahrungen aus der Vergangenheit und als intervenierende Variable zwischen den objektiven Erfahrungen aus der Vergangenheit und dem gegenwärtigen Verhalten ausgeräumt werden können (vgl. dazu auch die Ausführungen auf S. 12-14, insbesondere S. 14, sowie S. 30-31, wo gezeigt wird, daß auch bei behavioristisch orientierten Lerntheorien (zumindest implizit) mit der intervenierenden Variablen subjektive Wahrscheinlichkeit gearbeitet wird).
Interessant sind in diesem Zusammenhang auch die lerntheoretischen Ansätze von *Julian B. Rotter* (1954), wonach die Bekräftigungswirkung eines Stimulus um so größer ist, je mehr die Person das Eintreten dieser Stimulussituation als (kausale) Folge ihres eigenen Verhaltens

wahrnimmt, und von *Albert Bandura* (1962 und 1966), der sich vor allem mit dem Problem des Lernens durch Imitation und des Lernens am Modell befaßt und dazu das Konzept der stellvertretenden Bekräftigung (vicarious reinforcement) entwickelt. In beiden Fällen geht es unseres Erachtens um das Erlernen von "Kausal"-Beziehungen (= subjektiven Wahrscheinlichkeiten), und beide Theorien würden unseres Erachtens erheblich an Klarheit gewinnen, wenn sie explizit das Konzept der subjektiven Wahrscheinlichkeit, das heißt das Erlernen von "Kausal"-Beziehungen berücksichtigen würden. Die Grundthese von *Rotter* würde dann besagen, daß "Kausal"-Beziehungen vor allem dann gelernt werden, wenn sie im Zusammenhang mit den eigenen Handlungsmöglichkeiten gesehen werden (relevant sind ja für eine Person P vor allem solche subjektiven Wahrscheinlichkeiten, die im Zusammenhang mit den von P wahrgenommenen Handlungsalternativen stehen) und das Konzept der stellvertretenden Bekräftigung bei *Bandura* besagt nichts anderes, als daß Vorstellungen über "Kausal"-Beziehungen auch anders als durch eigene Erfahrung (eben z.B. durch Beobachtung an anderen Personen — übrigens auch durch Lektüre oder durch verbale Kommunikation! —) erworben werden können. Wieweit nun die subjektive Wahrscheinlichkeit mit der objektiven Wahrscheinlichkeit übereinstimmt, hängt davon ab, inwieweit (1) die Person P in der Vergangenheit Stimulussituationen ausgesetzt war (oder Informationen erhalten hat), die eine repräsentative Auswahl der tatsächlich ablaufenden Geschehnisse darstellen, und inwieweit (2) diese Erfahrungen und Informationen von der Person P adäquat verarbeitet wurden. (Zum Verhältnis von subjektiver und objektiver Wahrscheinlichkeit siehe auch *Fred Attneave*, 1953, *Ward Edwards*, 1961/67, S. 71-74 und *Ward Edwards*, 1963/65, S. 476-485, sowie die dort angegebene Literatur.)

52 Zum Begriff der "Quasi-Rangordnung" siehe z.B. *Patrick Suppes* und *Joseph L. Zinnes* (1963, S. 23-33). In diesem Zusammenhang sei auf einen weitverbreiteten Irrtum hingewiesen, wonach die Qualität eines Meßinstrumentes um so besser ist, je höher das Skalenniveau ist, wonach also z.B. ein Meßinstrument mit den Eigenschaften einer Intervallskala besser ist als ein Meßinstrument mit den Eigenschaften einer Ordinalskala und ein Meßinstrument mit den Eigenschaften einer Ratioskala besser ist als ein Meßinstrument mit den Eigenschaften einer Intervallskala. Die Qualität eines Meßinstrumentes ergibt sich aber nicht aus der Höhe seines Skalenniveaus, sondern daraus, inwieweit es in der Lage ist, die tatsächliche Beschaffenheit der Realität exakt zu repräsentieren (siehe dazu z.B. *Patrick Suppes* und *Joseph L. Zinnes,* 1963, insbesondere S. 3-17 und S. 64-66). Wenn also wie bei den subjektiven Wahrscheinlichkeiten in der Realität eine Quasirangordnung vorliegt, dann ist dasjenige Meßinstrument am besten, das am vollkommensten die Eigenschaften einer Quasirangordnung besitzt. Das ist auch der Grund, warum für die Sozialwissenschaften die Weiterentwicklung der bis vor kurzem fast völlig vernachlässigten Mathematik finiter Strukturen, die nicht die Eigenschaften von Intervall- oder Ratioskalen besitzen, so wichtig ist.

53 In vielen Fällen wird sich die Situation dadurch noch weiter vereinfachen, daß die in einer Entscheidungssituation befindlichen Personen dazu neigen, die mittleren Positionen zugunsten der extremen Positionen aufzugeben. In den Fällen, in denen die subjektiven Wahrscheinlichkeiten Werte annehmen, die nicht gleich bzw. nahezu gleich 1 oder 0 sind, sucht nämlich die Person in der Regel solange nach weiteren Informationen, bis die jeweiligen subjektiven Wahrscheinlichkeiten Werte um 0 oder 1 angenommen haben.

54 Es gibt allerdings auch Fälle, in denen die Vorstellungen der Person noch vager sind, das heißt in denen gar keine Vorstellungen über die Höhe einer bestimmten Übergangswahrscheinlichkeit bestehen. Diese Fälle, die in der Literatur oft als "Ungewißheit" oder "Uncertainty" (vgl. z.B. *Ward Edwards*, 1954/7, S. 27-28) bezeichnet werden, sind zwar genau genommen qualitativ verschieden von den Fällen, in denen Vorstellungen über Übergangswahrscheinlichkeiten bestehen, und die in der Literatur oft als "Risiko" oder "Risk" bezeichnet werden, dürften aber in der Regel Grenzfälle von Situationen mit bekannten Übergangswahrscheinlichkeiten sein. In solchen Situationen der Ungewißheit wird nämlich eine Person, wenn sie eine Entscheidung zu treffen hat, sich entweder Informationen suchen, um die Ungewißheit in eine subjektive Wahrscheinlichkeit umwandeln zu können, oder sie wird die Ungewißheit in eine subjektive Wahrscheinlichkeit von 0,0 uminterpretieren. Im übrigen ist es (auch für die handelnde Person) sehr schwierig, die beiden Dimensionen "subjektive Wahrscheinlichkeit" und "Grad der Ungewißheit" auseinanderzuhalten, so daß der "Grad der Ungewißheit" in der Regel in die Feststellung der subjektiven Wahrscheinlichkeit (bzw. ihrer Exaktheit — vgl. dazu die Ausführungen auf S. 49-50) mit eingehen wird.

55 Siehe hierzu z.B. *Ward Edwards*, 1954/67, S. 34-40 und die dort angegebene Literatur.

56 Hierzu liegen jedoch unseres Wissens bislang keine Forschungsergebnisse vor. Wie überhaupt die Analyse der subjektiven Wahrscheinlichkeiten und damit der "Kausal"-Vorstellungen noch in ihren allerersten Anfängen steckt.

57 Die Instrumentalität kann leicht verwechselt werden mit der subjektiven Wahrscheinlichkeit. Da es sich jedoch um zwei völlig verschiedene Konzepte handelt, sollte darauf geachtet werden, daß Instrumentalität und subjektive Wahrscheinlichkeit stets sorgfältig voneinander unterschieden werden. Die subjektive Wahrscheinlichkeit bezieht sich immer auf eine Ereignis- bzw. Übergangswahrscheinlichkeit (Wahrscheinlichkeit des Eintretens einer bestimmten Situation bzw. des Überganges einer Situation in eine bestimmte andere Situation), das heißt also auf die Frage, ob und mit welcher Wahrscheinlichkeit ein bestimmtes Ereignis, eine bestimmte Situation eintreten wird; die Instrumentalität dagegen bezieht sich auf den (von der Person erwarteten oder angenommenen) Grad oder Umfang des Beitrages einer bestimmten Eigenschaft, eines Objektes oder einer Situation zur Befriedigung eines bestimmten Bedürfnisses oder Motives.

58 Wir hatten bereits bei der Beschreibung der Wahrnehmung einer Situation durch P darauf hingewiesen, daß P nur einen kleinen Ausschnitt aus der "objektiven" Beschaffenheit der Person wahrnimmt. Wie aus vielen Experimenten in der Wahrnehmungspsychologie hervorgeht, wird die Selektion der Wahrnehmung entscheidend beeinflußt durch die Bedürfnis- oder Motivlage der Person P, das heißt: P nimmt vor allem die Eigenschaften $E_{l,k}$ einer Situation wahr, die eine positive oder negative Instrumentalität ($I_{l,k,m} \neq 0$) zur Verwirklichung eines Bedürfnisses oder Motives m mit ebenfalls positiver oder negativer Motivintensität ($MI_m \neq 0$), also eine positive oder negative Valenz ($V \neq 0$) haben.
Die von uns vorgeschlagene Einschränkung der Analyse auf Situationselemente mit hoher positiver oder negativer Valenz stützt sich somit auf das gleiche Prinzip, nach dem auch die Person P selbst vorgeht, wenn sie aus der Fülle von Elementen und Eigenschaften einer Situation nur einen kleinen Ausschnitt auswählt und wahrnimmt.

59 Der Widerstand W_j der Handlungsfolge H_j kann auch interpretiert werden als der mit der Ausführung der Handlungsfolge H_j verbundene (subjektiv wahrgenommene) "Aufwand" oder als die "Kosten" der Handlungsfolge H_j.

60 Wir hatten bereits an anderer Stelle (S. 48) darauf hingewiesen, daß die Person P eine Situation S stets mit einer bestimmten zeitlichen Dauer wahrnimmt, das heißt, daß man nicht von der Situation zu einem Zeitpunkt, sondern genau genommen nur von einer Situation innerhalb eines bestimmten Zeitabschnittes sprechen kann.
Wir halten es daher für zulässig, die Zeitabschnitte t_i zur Charakterisierung einer Situation $S_{s,i}$ so zu bemessen, daß sie mit der für die Ausführung einer Handlungseinheit erforderlichen Zeitspanne übereinstimmt. (Es ist sogar denkbar, daß die von der Person P vorgenommene zeitliche Gliederung sich aus der Dauer einzelner Handlungseinheiten ergibt.) Damit fällt die Handlungseinheit $H_{j,i}$ zeitlich mit der Situation $S_{s,i}$ zusammen, und somit ist $V(S)_{s,i} = V(H)_{j,i} = V_{j,i}$.

61 Eine der Zielsituationen $S_{s,t}$ kann selbstverständlich auch identisch sein mit der gegenwärtigen Situation S_0. Das heißt, die Person P muß nicht notwendigerweise eine die Situation verändernde Handlung (-sfolge) ausführen (wie in den meisten Verhaltenstheorien und insbesondere auch in den entscheidungs- und spieltheoretischen Ansätzen fast immer vorausgesetzt wird), sondern kann auch eine Handlung (-sfolge) ausführen, die die Erhaltung der gegenwärtigen Situation S_0 sicherstellen soll.

62 Wobei allerdings das Modell von *Savage* noch die Annahme enthält, daß die Person P über mehr oder weniger vollständige Informationen verfügt bzw. sich beschafft und auch alle zur Verfügung stehenden Informationen berücksichtigt und (korrekt) verarbeitet. Diese Annahme ist jedoch kein zentraler Bestandteil des Modelles und soll bei unseren Überlegungen hier unberücksichtigt bleiben (vgl. hierzu auch Anmerkung 63).

63 Die in unserem theoretischen Ansatz enthaltenen subjektiven Wahrscheinlichkeiten und Valenzen unterscheiden sich von den subjektiven Wahrscheinlichkeiten und Nutzenerwartungen des SEU-Modelles nur dadurch, daß wir versuchten, diese Konzepte einer etwas differenzierteren theoretischen Analyse zu unterziehen (vgl. S. 49-53).

64 Darüberhinaus bestehen noch die in Anmerkung 62 und Anmerkung 63 auf dieser Seite angeführten Abweichungen zwischen der subjektiven Nutzenerwartungstheorie und dem hier vorgeschlagenen theoretischen Ansatz.

65 Dies impliziert nicht die Behauptung, daß die Person P die Alternative mit dem objektiv höchsten Wert wählt. Da immer nur die Valenzen und subjektiven Wahrscheinlichkeiten der zu dem Zeitpunkt t_0 der Entscheidung von der Person wahrgenommenen Situationen und

"Kausal"-Beziehungen relevant sind, ist die hier formulierte Hypothese durchaus kompatibel z.B. mit dem Prinzip der "zufriedenstellenden Entscheidung" von *Herbert A. Simon* (vgl. die Ausführungen auf S. 7-8; siehe dazu auch S. 45).

66 Es handelt sich hier also um ein sogenanntes *offenes Modell.*

67 Die beiden ersten genannten Fälle ($V_o \ll 0$ und $V_\iota \ll 0$) sind genau genommen nur Spezialfälle dieses dritten (allgemeinen) Falles. In den beiden ersten Fällen wurde nämlich implizit davon ausgegangen, daß mindestens eine alternative Zielsituation V_ι von P wahrgenommen wird, deren Valenz neutral oder positiv ist. Daraus folgt dann, daß $V_\iota - V_o \gg 0$ bzw. $V_\iota - V_\iota \ll 0$.

68 Ob die Ausführung oder Nicht-Ausführung eines solchen Suchprozesses als vollständige Entscheidungshandlung oder nur als eine erste Teilhandlung eines größeren Handlungskomplexes aufgefaßt wird, hängt im wesentlichen von der Definition der Handlungseinheit ab (vgl. dazu die Ausführungen auf S. 42-44).

69 P wird z.B. immer dann die Situation als Problemsituation empfinden, wenn irgendwelche unerwarteten Ereignisse eintreten, insbesondere wenn die tatsächlich eintretenden Ereignisse einer bestimmten ausgeführten (Teil-) Handlung nicht dem erwarteten Ergebnis entsprechen.

70 Das gilt insbesondere für gegenwärtige bzw. unmittelbar bevorstehende Situationen mit stark negativer Valenz

71 Es wird hier also weder ein "homo oeconomicus" vorausgesetzt, noch wird die Existenz eines "homo oeconomicus" ausgeschlossen, sondern es wird davon ausgegangen, daß unterschiedliche Personen sich in ihren (Entscheidungs-) Handlungen in unterschiedlichem Maße von den Prinzipien des "homo oeconomicus" leiten lassen. Es wird weiterhin davon ausgegangen, daß die entsprechenden Prinzipien und (Entscheidungs-) Strategien im Laufe des Lebens erlernt werden.
Damit erweist sich die alte Streitfrage, ob menschliches Handeln rational oder irrational sei bzw. ob Menschen sich in ihren Entscheidungshandlungen gemäß bestimmten Optimal- oder Maximalmodellen verhalten, als eine falsch gestellte Frage; denn ob, in welchem Maße und in welcher Weise Menschen in ihrem tatsächlichen Handeln bestimmten Prinzipien und Strategien folgen, hängt entscheidend davon ab, ob und in welchem Maße sie im Laufe ihres Lebens gelernt haben, bestimmte Prinzipien und Strategien anzuwenden.

72 In diesem Zusammenhang sei hingewiesen auf entsprechende Untersuchungsergebnisse aus dem Bereich der vergleichenden Verhaltensforschung (siehe dazu z.B. *Günter Tembrock*, 1968, S. 26-31) sowie auf die Arbeiten zur Theorie der kognitiven Dissonanz (siehe z.B. *Leon Festinger*, 1957).

73 Welche konkreten Handlungen P dabei im einzelnen ausführen wird, hängt von den persönlichen Merkmalen von P einerseits und von der konkreten Beschaffenheit der Situation (genauer der Wahrnehmung der Situation durch P) andererseits ab. Einige typische Verhaltensweisen sind: Resignation, Wutausbruch (= ungezielte, intensive motorische Reaktionen, die sich ergeben aus der starken Kraft, eine Handlung auszuführen und dem Fehlen eines entsprechenden Handlungszieles) und Aggression (gegen einen vermeintlichen Urheber für die Unmöglichkeit, eine bestimmte Zielsituation zu erreichen).

74 Die Einsicht in die Unmöglichkeit, eine bestimmte Zielsituation zu erreichen, kann zu einer Reduzierung der Valenz der Zielsituation führen.
Eine solche Beeinflussung der Valenz durch die subjektive Wahrscheinlichkeit ist jedoch nicht auf diesen Fall beschränkt; denn die Valenz einer bestimmten Zielsituation, die subjektive Wahrscheinlichkeit der Erreichbarkeit dieser Zielsituation und die Valenz des Weges (bzw. der Widerstand) einer entsprechenden Handlungsfolge zur Erreichung dieser Zielsituation bilden ein System sich gegenseitig beeinflussender Variablen. Auf diese sehr interessante Problematik kann jedoch an dieser Stelle nicht näher eingegangen werden.

75 Der gesamte Entscheidungsprozeß stellt also eine Folge von aufeinander bezogenen und zeitlich nacheinander ablaufenden Regelkreisprozessen mit ständiger Rückkopplung an der Realität dar.

76 Ist z.B. der Vater der Person P_1 Bankangestellter und der Vater der Person P_2 Bauarbeiter, dann wird Person P_1 Zugang zu ganz anderen Informationen erhalten (und daher ganz andere kognitive Vorstellungen usw. erwerben) als Person P_2, selbst wenn beide Personen P_1 und P_2 an der gleichen Straße oder gar im gleichen Haus wohnen sollten.

77 Hiermit wird nichts darüber ausgesagt, ob eine solche Variable auch tatsächlich die jeweils abhängige Variable determiniert bzw. beeinflußt. Unsere Ausführungen beziehen sich ausschließlich auf den Inhalt des jeweiligen theoretischen Modelles, nicht aber auf die Frage, ob dieses theoretische Modell auch richtig ist, das heißt der empirisch ermittelten Wirklichkeit entspricht.

Literatur

Abelson, Robert P. (1968): Simulation of Social Behavior. In: Lindzey, G. and Aronson, E. (Ed.) The Handbook of Social Psychology, Vol. 2. 2. Ed., S. 274-356, Reading (Mass.): Addison Wesley

Abelson, Robert P., Carrol, J. Douglas (1965): Computer Simulation of Individual Belief Systems. In: American Behavioral Scientist, 8, S. 24-30

Adams, Ernest W., Fagot, Robert (1959): A Model of Riskless Choice. In: Behavioral Science, 4, S. 1-10. Abgedruckt in: Edwards, Ward and Tversky, Amos (Ed.) 1967. Decision Making. S. 284-299, Middlesex (Engl.): Penguin Books

Albert, Hans (1964): Theorie und Realität, Tübingen: Mohr

Ashby, W. Ross (1960): Design for a Brain. 2. Aufl. London: Chapman and Hall.

Atkinson, John W. (1957): Motivational Determinants of Risk-taking Behavior. In: Psychological Review, 64, S. 359-372.

Atkinson, John W. (1958): Motives in Fantasy, Action and Society. Princeton (N.J.): Van Nostrand

Atkinson, John W. (1964): An Introduction to Motivation. Princeton (N.J.): Van Nostrand

Atkinson, John W. (1966): Notes Concerning the Generality of the Theory of Achievement Motivation. In: Atkinson, John W. and Feather, Norman T. (Ed.) A Theory of Achievement Motivation. S. 163-168, New York: Wiley

Atkinson, John W., Feather, Norman T. (1966): Review and Appraisal. In: Atkinson, John W. and Feather, Norman T. (Ed.) A Theory of Achievement Motivation. S. 327-370, New York: Wiley

Attneave, Fred (1953): Psychological Probability as a Function of Experienced Frequency. In: Journal of Experimental Psychology, 46, S. 81-86.

Bandura, Albert (1969): Principles of Behavior Modification. New York: Holt, Rinehart and Winston

Bandura, Albert (1962): Social Learning Throught Imitation. In: Jones, M.R. (Ed.), Nebraska Symposium on Motivation, Lincoln: University of Nebraska Press, S. 211-269

Bandura, Albert (1966): Vicarious Processes: A Case of Non-trial Learning. In: Berkowitz, R. (Ed.), Advances in Experimental Social Psychology, Vol. 2, New York: Academic Press, S. 1-55

Becker, Gordon M., Degroot, Morris H., Marschak, Jacob (1963): Stochastic Models of Choice Behavior. In: Behavioral Science, 8, S. 41-55. Abgedruckt in: Edwards, Ward and Tversky, Amos (Ed.) (1967). Ecision Making. S. 353-378, Middlesex (Engl.): Penguin Books

Blau, Peter M. (1964): Exchange and Power in Social Life. New York: Wiley.

Blau, Peter M., Gustad, John W., Jessor, Richard, Parnes, Herbert S., Wilcock, Richard C. (1956): Occupational Choise: A Conceptual Framework. In: Industrial and Labor Relations Review, 9, S. 531-543. Abgedruckt in: Smelser, Neil and Smelser, William T. (1963). Personality and Social Systems. S. 559-571, New York: Wiley

Colby, Kenneth M., Gilbert, John P. (1964): Programming a Computer Model of Neurosis. In: Journal of Mathematical Psychology, 1, S. 405-417

Coombs, Clyde H. (1964): A Theory of Data. New York: Wiley.

Davioson, Donald, Suppes, Patrick, Siegel, Sidney (1957): Decision-Making: An Experimental Approach. Stanford: Stanford University Press

Deutsch, M. (1967): The Role of Social Class in Language, Development and Cognition. In: Passow, A. et al. (Ed.) Education of the Disadvantaged. New York, S. 214 ff.

Dodd, Stuart C. (1950): The Interactance Hypothesis. A Gravity Model Fitting Physical Masses and Human Groups. In: American Sociological Review, 15, S. 245-256

Durkheim, Emile (1895): Les Regles de la Methode Sociologique. Paris: Presses Universitaires des Franc. Deutsche Übersetzung 1961: Die Regeln der soziligischen Methode. Neuwied: Luchterhand

Edwards, Ward (1954): The Theory of Decision Making. In: Psychological Bulletin, 51, S. 380-417. Abgedruckt in: Edwards, Ward and Tversky, Amos (Ed.) (1967): Decision Making, S. 13-64. Middlesex (Engl.): Penguin Books

Edwards, Ward (1961): Behavioral Decision Theory. In: Annual Review of Psychology, 12, S. 473-498. Abgedruckt in: Edwards, Ward and Tversky, Amos (Ed.) 1967. Decision Making. S. 65-95, Middlesex (Engl.): Penguin Books

Edwards, Ward, Lindman, Harold, Savage, Leonhard J. (1963): Bayesian Statistical Inference for Psychological Research. In: Psychological Review, 70, S. 193-242. Abgedruckt in: Luce, Duncan R., Bush, Robert R. and Galanter, Eugene (Ed.) 1965. Readings in Mathematical Psychology, Vol. 2, S. 519-568, New York: Wiley

Edwards, Ward, Lindman, Harold, Phillips, Lawrence D. (1965): Emerging Technologies for Making Decisions. In: New Directions in Psychology, Vol. 2, S. 261-325. New York: Holt, Rinehart and Winston

Edwards, Ward (1966): Revisions of Opinions by Men and Man-Machine-Systems. In: IEEE Transactions on Human Factors in Electronics, 7

Edwards, Ward (1968): Decision Making: Psychological Aspects. In: International Encyclopedia of the Social Sciences, S. 34-42, New York: Macmillan

Edwards, Ward, Phillips, Lawrence D., Hays, William L., Goodman, Barbara C. (1968): Probabilistic Information Processing Systems: Design and Evaluation. In: IEEE Transactions on System Science and Cybernetics, S. 248-265

Edwards, Ward, Tversky, Amos (Ed.) (1967): Decision Making. Middlesex (Engl.): Penguin Books

Feigenbaum, Edward A. (1961): The Simulation of Verbal Learning Behavior. In: Proceedings of the Western Joint Computer Conference, 19, S. 121-132

Feigenbaum, E.A. and *Feldman, J.* (Ed.) (1963): Computers and Thought. New York: Mc Graw-Hill

Feldman, Julian (1961): Simulation of Behavior in the Binary Choice Experiment. In: Proceedings of the Western Joint Computer Conference, 19, S. 133-144. Abgedruckt in: Feigenbaum, Edward A. and Feldman, Julian (Ed.) 1963. Computers and Thought. S. 329-346, New York: McGraw-Hill

Festinger, Leon (1957): A Theory of Cognitive Dissonance. Stanford: Stanford University Press

Feyerabend, Paul K. (1962): Explanation, Reduction and Empiricism. In: Feigl, Herbert and Maxwell, Grover (Ed.) Minnesota Studies in the Philosophy of Science, Vol. 3, S. 28-98, Minneapolis: Uni. of Minnesota Press

Gollop, Harry F. (1968): Impression Formation and Word Combination in Sentences. In: Journal of Personality and Social Psychology, 10, S. 341-353

Green, David and *Swets, John A.* (1966): Signal Detection Theory and Psychophysics. New York: Wiley

Hebb, Donald O. (1949): The Organization of Behavior. New York: Wiley

Hebb, Donald O. (1955): Drives and the C.N.S. (Conceptual Nervous System). In: Psychological Review, 62, S. 243-254

Heckhausen, Heinz (1963): Eine Rahmentheorie der Motivation in zehn Thesen. In: Zeitschrift für experimentelle und angewandte Psychologie, 10, S. 604-626.

Heckhausen, Heinz (1963a): Hoffnung und Furcht in der Leistungsmotivation. Meisenheim: Hain

Hedinger, Urs H. (1968): Bildungswahl, Berufswahl und Intergenerationenmobilität. Konstanz: Unveröffentlichtes Manuskript

Heider, Fritz (1946): Attitudes and Cognitive Organizations. In: Journal of Psychology, 21, S. 107-112

Heider, Fritz (1958): The Psychology of Interpersonal Relations. New York: Wiley

Heise, David R. (1969): Affectual Dynamics in Simple Sentences. In: Journal of Personality and Social Psychology, 11, S. 204-213

Helson, Harry (1964): Adaptation Level Theory, an Experimental and Systematic Approach to Behavior. New York: Harper and Row

Homans, George C. (1961): Social Behavior. Its Elementary Forms. New York: Harcourt, Brace and World

Homans, George C. (1962): A Theory of Social Interaction. In: Transactions of the fifth World Congress of Sociology, Vol. 4, S. 113-131

Homans, George C. (1964): Bringing Men Back in. In: American Sociological Review, 29, S. 809-818

Homans, George C. (1967): Fundamental Social Processes. In: Smelser, Neil J. (Ed.) Sociology: An Introduction. S. 27-79, New York: Wiley

Hummell, Hans J. (1969): Psychologische Ansätze zu einer Theorie sozialen Verhaltens. In: König, Rene (Ed.) Handbuch der Empirischen Sozialforschung, Vol. 2, S. 1157-1266, Stuttgart: Enke

Irwin, Francis W. (1961): On Desire, Aversion and Affective Zero. In: Psychological Review, 68, S. 293-300

Kemeny, John G. and *Oppenheim, Paul* (1956): On Reduction. In: Philosophical Studies, 7, S. 6-19

Klaczko, Salomon (1968): Systemanalyse der Selbstreflexion. Frankfurt: Unveröffentlichtes Manuskript

Kogan, Nathan U., Wallach, Michael A. (1964): Risk Taking. A. Study in Cognition and Personality. New York: Holt, Rinehard and Winston

Langenheder, Werner (1968): Ansatz zu einer allgemeinen Verhaltenstheorie in den Sozialwissenschaften: Dargestellt und überprüft an Ergebnissen empirischer Untersuchungen über Ursachen von Wanderungen. Köln u. Opladen: Westdeutscher Verlag

Langenheder, Werner: (1973): Determinanten der Berufswahl: Versuch zu einer integrierenden Theorie. Unveröffentlichtes Arbeitspapier, Nürnberg: Sozialwissenschaftliches Forschungszentrum

Lewin, Kurt (1935): A Dynamic Theory of Personality (Selected Papers). New York: McGraw-Hill

Lewin, Kurt (1936): Principles of Topological Psychology. New York: Mc Graw-Hill. Deutsche Übersetzung: Grundzüge der topologischen Psychologie 1969. Bern: Huber

Lewin, Kurt (1938): The Conceptual Representation and the Measurement of Psychological Forces. Durham: Duke University Press

Lewin, Kurt (1951): Field Theory in Social Science (Selected Theoretical Papers). New York: Harper. Deutsche Übersetzung 1963: Feldtheorie in den Sozialwissenschaften. Bern: Huber

Lewin, Kurt, Tamara, Demo, Festinger, Leon, Sears, Pauline S. (1944): Level of Aspiration. In: Hunt, J. (Ed.) Personality and the Behavior Disorders. S. 333-378, New York: Ronald

Loehlin, John C. (1968): Computer Models of Personality. New York: Random House

Luce, Duncan, Suppes, Patrick (1965): Preference, Utility and Subjective Probability. In: Luce, R. Duncan, Bush, Robert R. and Galanter, Eugene (Ed.) Handbook of Mathematical Psychology, Vol. 3, S. 249-410, New York: Wiley

Luce, R. Duncan (1959): Individual Choice Behavior. New York: Wiley

Luce, R. Duncan (1962): Psychological Studies of Risky Decision Making. In: Strother, G.B. (Ed.) Social Science Approaches to Business Behavior. Abgedruckt in: Edwards, Ward and Tversky, Amos (Ed.) 1967. Decision Making. S. 334-352; Middlesex (Engl.): Penguin Books

Luce, R. Duncan (1963): Detection and Recognition. In: Luce, R. Duncan, Bush, Robert R. and Galanter, Eugene (Ed.) Handbook of Mathematical Psychology, Vol. 1, S. 103-189, New York: Wiley

Mc Clelland, David C. (1961): The Achieving Society. New York: Van Nostrand

Mc Clelland, David C. et al. (1953): The Achievement Motive. New York: Appleton-Century-Crofts

Merton, Robert K. (1957): Social Theory and Social Structure. Glencoe (Ill.): Free Press.

Miller, George A., Galanter, Eugene, Pribram, Karl H. (1960): Plans and the Structure of Behavior. New York: Holt, Rinehart and Winston

Minsky, Marvin L. (Ed.) (1968): Semantic Information Processing. Cambridge (Mass.): MIT-Press

Mosteller, Frederick, Nogee, Philip (1951): An Experimental Measurement of Utility. In: Journal of Political Economy, 59, S. 371-404. Abgedruckt in: Edwards, Ward and Tversky, Amos (Ed.) 1967. Decision Making. S. 124-169, Middlesex (Engl.): Penguin Books

Nagel, Ernest (1961): The Structure of Science. New York: Harcourt, Brace and World

Nehnevajsa, Jiri (1960): Elements of Project Theory: From Concept to Design (Technical Note TN-60-6, Research on Comparative Impact of Actual Versus Anticipated Events). New York: Department of Sociology, Columbia University

Nehnevajsa, Jiri (1963): Outcomes Approach to Personal Decision-Making (Unveröffentlichtes Manuskript). Pittsburgh: Department of Sociology, University of Pittsburgh

Newell, Allen, Simon, Herbert A. (1961): GPS, a Program that Simulates Human Thought. In: Lernende Automaten, München: Oldenbourg

Ofshe, Richard, Ofshe, Lynne S. (1970) Choice Behavior in Coalition Games. In: Behavioral Science, 15 S. 337-349

Ofshe, Lynne S., Ofshe, Richard (1970): Utility and Choice in Social Interaction. Englewood Cliffs: Prentice-Hall

Opp, Karl-Dieter (1970): Soziales Handeln, Rollen und soziale Systeme. Ein Erklärungsversuch sozialen Verhaltens. Stuttgart: Enke

Opp, Karl-Dieter, Hummell, Hans J. (1971): Die Reduzierbarkeit von Soziologie auf Psychologie. Braunschweig: Vieweg

Osgood, Charles E. and *Tannenbaum, Percy H.* (1955): The Principle of Congruity and the Prediction of Attitude Change. In: Psychological Review, 62.

Osgood, Charles E. (1970): Speculation on the Structure of Interpersonal Intentions. In: Behavioral Science, S. 237-254

Parsons, Talcott (1960): Structure and Process in Modern Societies. Gencoe (Ill.): Free Press

Parsons, Talcott, Shils, Edward A. (Ed.) (1951): Toward a General Theory of Action. Cambridge (Mass.): Harvard University Press

Parsons, Talcott, Bales, Robert F., Shils, Edward A. (1953): Working Papers in the Theory of Action. New York: Free Press

Peterson, Cameron, Beach, Lee R. (1967): Man as an Intuitive Statistician. In: Psychological Bulletin, 68, S. 29-46

Phillips, Lawrence D., Edwards, Ward (1966): Conservatism in a Simple Probability Inference Task. In: Journal of Experimental Psychology, 72, S. 346-354. Abgedruckt in: Edwards, Ward and Tversky, Amos (Ed.) 1967. Decision Making. S. 239-254, Middlesex (Engl.) Penguin Books

Powers, Clark, McFarland (1960): A General Feed-Back Theory of Human Behavior. In: Percept. Mot. Skills, 19, S. 71-88

Pribram, Karl H. (1959): On the Neurology of Thinking. In: Behavioral Science, 4, S. 265-287

Pribram, Karl H. (1960): A Review of Theory in Physiological Psychology. In: Annual Review of Psychology, 11, S. 1-40

Pribram, Karl H. (1963): Reinforcement Revisited: A Structural View. In: Jones, M.R. (Ed.) Nebraska Symposium on Motivation. S. 113-159. Lincoln: University of Nebraska Press

Pribram, Karl H. (1966): Some Dimensions of Remembering: Steps Toward a Neuro-Psychological Model of Memory. In: J. Gaito (Ed.) Acromalecules and Behavior. S. 165-187, New York: Academic Press

Pribram, Karl H. (Ed.) (1969): Brain and Behavior, Vol. 4., Middlesex (Engl.): Penguin Books

Reitmann, Walter R. (1965): Cognition and Thought. New York: Wiley

Restle, Frank (1961): Psychology of Judgement and Choice. New York: Wiley

Rotter, Julian B. (1954): Social Learning and Clinical Psychology. Englewood-Cliffs: Prentice Hall

Savage, Leonard J. (1954): The Foundations of Statistics. New York: Wiley

Scafati, Aldo C. (1965): A Formalization and Empirical Validation of Selected Aspects of Anticipation Theory. (Unveröffentlichtes Manuskript) Pittsburgh: Department of Sociology, University of Pittsburgh

Schaffner, Kenneth F. (1967): Approaches to Reduction. In: Philosophy of Science, 34, S. 137-147

Seward, John P. (1956): Reinforcement and Expectancy: Two Theories in Search of a Controversity. In: Psychological Review, 63, S. 105-113

Shepard, Roger N. (1964): On Subjectively Optimum Selections Among Multi-Attribute Alternatives. In: Shelley, M.W. and Bryan, G.L. (Ed.) Human Judgements and Optimality. S. 257-281, New York: Wiley. Abgedruckt in: Edwards, Ward and Tversky, Amos (Ed.) 1967. Decision Making. S. 257-283, Middlesex (Engl.): Penguin Books

Siegel, Sidney, Siegel, Alberta E., Andrews, J.M. (1964): Choice, Strategy, and Utility. New York: McGraw Hill

Simon, Herbert A. (1955): A Behavioral Model of Rational Choice. In: Quarterly Journal of Economics, 69. Abgedruckt in: Simon, Herbert A. 1957. Models of Man. New York: Wiley, S. 241-260

Simon, Herbert A. (1969): The Science of the Artificial. Cambridge (Mass): MIT-Press

Skinner, Burrhus F. (1953): Science and Human Behavior. New York: Free Press.
Spiegel, Bernd (1961): Struktur der Meinungsverteilung im sozialen Feld. Bern: Huber
Stendenbach, Franz Josef (1963): Soziale Interaktion und Lernprozesse. Köln: Kiepenheuer und Witsch
Stouffer, Samuel A. (1940): Intervening Opportunities: A Theory Relating Mobility and Distance. In: American Sociological Review, 5, S. 845-867
Stouffer, Samuel A. (1960): Intervening Opportunities and Competing Migrants. In: Journal of Regional Science, S. 1-26. Abgedruckt in: Stouffer, Samuel A. (Ed.) (1962): Social Research to Test Ideas, S. 91-112. Glencoe (Ill.): The Free Press
Suppes, P., Atkinson, R.C. (1960): Markov Learning Models for Multiperson Interactions. Stanford: Stanford University Press
Suppes, Patrick, Zinnes, Joseph L. (1963): Basic Measurement Theory. In: Luce, Duncan R., Bush, Robert R. and Galanter, Eugene (Ed.) Handbook of Mathematical Psychology, Vol. 1, S. 1-77, New York: Wiley
Swets, John A. (1961): Detection Theory and Psychophysics: A Review: In: Psychometrika, 26, S. 49-63. Abgedruckt in: Edwards, Ward and Tversky, Amos (Ed.) 1967. Decision Making. S. 379-395, Middlesex (Engl.): Penguin Books
Swets, John (Ed.) (1964): Signal Detection and Recognition by Human Observers. New York: Wiley.
Taylor, Lee (1968): Occupational Sociology. New York: Oxford University Press
Tembrock, Günter (1968): Grundriß der Verhaltenswissenschaften. Stuttgart: Fischer.
Thomae, Hans (1960): Der Mensch in der Entscheidung. München: Barth
Thurstone, Lewis L. (1927): A Law of Comparative Judgement. In: Psychological Review, 34, S. 469-493.
Tiger, L. (1970): Men in Groups. New York: Random House
Tolman, Edward C. (1951): A Psychological Model. In: Parsons, Talcott and Shils, Edward A. (Ed.) Toward A General Theory of Action. Cambridge (Mass.): Harvard University Press, S. 279-361
Tolman, Edward C. (1952): A Cognition Motivation Model. In: Psychological Review, 59, S. 389-400
Tolman, Edward C. (1959): Principles of Purposive Behavior. In: Koch, Sigmund (Ed.), Psychology: A Study of a Science, Vol. 2. New York: McGraw-Hill.
Tversky, Amos (1970): Individual Decision Making. In: Coombs, Clyde H., Dawes, Robyn M. and Tversky Amos. Mathematical Psychology, S. 113-226, Englewood-Cliffs: Prentice Hall
Tversky, Amos (1967a): Additivity, Utility and Subjective Probability. In: Journal of Mathematical Psychology, 4, S. 175-202. Abgedruckt in: Edwards, Ward and Tversky, Amos (Ed.) Decision Making. S. 208-238, Middlesex (Engl.): Penguin Books
Tversky, Amos (1967b): Utility Theory and Additivity Analysis of Risky Choices. In: Journal of Experimental Psychology, 75, S. 27-37
Verniaud, W.M. (1946): Occupational Differences in the Minnesota Multiphasic Personality Inventory. In: Journal of Applied Psychology, 30, S. 604-613
von Neumann, John and *Morgenstern, Oskar* (1944): Theory of Games and Economic Behavior. Princeton (N.J.): Princeton University Press. Deutsche Übersetzung: Spieltheorie und wirtschaftliches Verhalten. (1961) Würzburg: Physika.
Zander, Alvin, Ulberg, Cyrus (1971): The Group Level of Aspiration and External Social Pressures. In: Organizational Behavior and Human Performance, Vol. 6, S. 362-378
Zetterberg, Hans L. (1962): Social Theory and Social Practice. New York: The Bedminster Press
Zipf, George K. (1946): The $P_1 P_2$/D-Hypothesis. On the Intercity Movement of Persons. In: American Sociological Review, 11, S. 677-686
Zipf, George K. (1949): Human Behavior and the Principle of Least Effort. Cambridge (Mass.): Addison-Wesley
Zollschan, George K. and *Perucci, Robert* (1964): Social Stability and Social Process: An Initial Presentation of Relevant Categories. In: Zollschan, George K. and Hirsch, Walter (Ed.), Explorations in Social Change. S. 99-124. Boston: Houghton Mifflin.

Personenregister

Sachregister

Interpersonale Kommunikation und Beeinflussung

Beitrag zur soziologischen Theorie der Kommunikation

Von H. O. LUTHE

1968. VIII, 122 Seiten, Format 16,2 x 24,4 cm
kartoniert DM 34,—

ISBN 3 432 01000 1

Das Consensusmodell

Studien zur Interaktionstheorie und zur kognitiven Sozialisation

Von J. SIEGRIST

1970. VIII, 154 Seiten, Format 16,2 x 24,4 cm
kartoniert DM 29,—
Soziologische Gegenwartsfragen, 32

ISBN 3 432 01218 7

Der Außenseiter im Sozialisationsprozeß der Schule

Eine jugendkriminologische Studie

Von J. WITZEL

1969. VII, 96 Seiten, Format 16 x 24 cm
kartoniert DM 24,—
Kriminologie. Abhandlungen über abwegiges Sozialverhalten, Nr. 3

ISBN 3 432 00970 4

Die soziale Gruppe im Prozeß der Massenkommunikation

Von P. MÜLLER

1970. VIII, 261 Seiten, Format 16,2 x 24,4 cm
kartoniert DM 38,—

ISBN 3 432 01211 X

Bildung und gesellschaftliches Bewußtsein

Eine mehrstufige soziologische Untersuchung in Westdeutschland

Von W. STRZELEWICZ / H. D. RAAPKE / W. SCHULENBERG

1970. VIII, 224 Seiten, 10 Abbildungen
36 Tabellen
‹flexibles Taschenbuch› DM 10,80

ISBN 3 432 01763 4

 Ferdinand Enke Verlag Stuttgart